深沢真太郎

数学的コミュニケーション入門

「なるほど」と言わ

GS
幻冬舎新書
454

はじめに

私はあなたに、「数学的にコミュニケーションする」ことを提案したいと思っています。数学を勉強する必要はありません。あくまで「数学的にコミュニケーションする」のです。

本書を手に取ってくださったあなたは、おそらくビジネスにおいてコミュニケーション能力が極めて重要であることを知っているでしょう。そしてそこに何かしらの悩みや課題を抱えているはずです。具体的には、こうではありませんか。

相手を説得したい。そして動かしたい。
でもそのためのコミュニケーション力に満足できていない。

深沢真太郎と申します。私が提唱するビジネス数学という教育テーマは、まさにこの課題を解決するためのものです。現在も多くの企業研修やセミナーなどに採用いただき、ビジネスパーソンの質を高めるお手伝いをしております。簡単に言えば、ビジネスパーソンに数学を教えるのではなく、ビジネスパーソンを数学的にしているのです。

あなたはこの数学的になるという提案にどんなイメージを持つでしょうか。おそらく、かつて苦手だったあの数学を連想するでしょう。難しかった。授業がつまらなかった。先生が嫌いだった。数字と論理を駆使して問題を解決していく学問ゆえに、人間らしさを感じない、無機的なものと感じる方も多いかもしれません。シンプルに言えば、〝冷たいもの〟といったところでしょう。

しかし、そんな数学が実はビジネスコミュニケーションを劇的に変える切り札になるといったら、あなたは信じてくれるでしょうか。

本書は「定量化する」「グラフを使う」「プレゼンの設計をする」「話す（伝える）」の4章で構成されています。お気づきかもしれませんが、ビジネスコミュニケーションのほとんどはこの4つを、この順番ですることに他なりません。

まずは伝えるための数字をつくり、伝わりやすくなるようにグラフも用意し、納得してもらえるよう伝え方を考え、簡潔にわかりやすく伝える。このプロセスを数学的に進めることで、コミュニケーションの質を飛躍的に高めるのです。結果、あなたの仕事が驚くほど前に進むようになるはずです。

そして本書を読み終えたとき、きっとあなたは「数学的である」ことが決して冷たいものではなく、人間同士のコミュニケーションに存在する温かさと共存できるものであること、融合させることで強力な武器になることを知るでしょう。

では、始めます。

数学的コミュニケーション入門／目次

第2章 グラフの使い方 85
――資料を「一目瞭然」にする技術

図版作成・DTP　美創

第1章　数字のつくり方

——「なるほど」と言わせる「定量化」の技術

1　定量化するための数学的思考法

「正確な計算」よりも「素早くざっくり概算」

●とっさに見積もりを出せと言われたら？

キーワードは「素早く、ざっくり」。

たとえばあなたが営業マンだとしましょう。お客様がこんな質問をしてきたとします。

「このオプションAとオプションBをつけて、さらに弊社向けに若干のカスタマイズをして、3カ月後に納品いただくとしたら、どれくらいの見積もりになります？」

このとき、あなたのリアクションは次のどちらでしょうか。

・「いまはちょっとわかりかねます。社に持ち帰らせていただけますか」
・「正確な金額は後日ご提示するとして、ざっくり100万円くらいでしょうか」

●答えは「相手の心」にある

私が「Ｇｏｏｄ」と評価するのは後者です。その理由は、お客様の心にあります。少しだけ、論理的に考えてみましょう。

Ｑ　なぜこのお客様は質問したのでしょう。
↓もちろん、金額を知りたいから。

Ｑ　では、なぜいま金額を知りたいのでしょう。
↓予算に見合わない金額だと、そもそも商談にならないから。

Ｑ　このお客様が知りたい金額は正確である必要があるでしょうか。
↓そんなことはない。この局面では規模感がわかれば十分。

ですから、素早くざっくり概算してコミュニケーションできるほうを「Ｇｏｏｄ」と評価するのです。

●「どれくらい待ちますか?」への答え方

このエッセンスは普段の生活の中でもよく使われています。たとえばあなたがずっと行きたかった飲食店に入ろうとしたら、混雑のため待っているお客様が何名もいたとします。あなたの心は当然、「う〜ん、どれくらい待つのだろう?」でしょう。もし店員に尋ねたとして、その答えが次のようなものだったら、あなたはどう感じるでしょうか。

①「なんとも言えませんね〜」
②「ちょっとわかりかねます……」
③「そうですね……33分、いえ34分、いやもしかしたら39分……」

もし私なら、①や②だったらイライラしてしまうかもしれません。ざっくりでいいから教えて欲しいと思うからです。また、③だとしてもイライラしてしまうでしょう。別にそんな細かい誤差はどうでもいいと思うからです。まあ現実にはこんな案内をする店員などいないでしょうけれど……。

このような局面では、常識ある店員なら、すぐこのようにコミュニケーションするはずです。

「30分から40分ほどお待ちいただくことになります」

待つか諦めるか、つまりその人が行動を決めるための情報はこれだけで十分なのです。

ビジネスにおいては、規模感がわかればそれで十分なときがあります。細かさが必要なときにざっくり仕事をし、ざっくりでいい局面で細かいことをしようとする。そんな間違いを犯さないように気をつけたいものですね。

●ポイントは「掛け算」

では、ざっくり概算はどうやったらいいのでしょうか。あなたが明日から「素早く、ざっくり」計算できるためのコツをお伝えしましょう。結論から言えば、掛け算を使いなさいということです。

たとえば、100人が50円ずつ寄付したら総額いくらかを計算するとき、

50＋50＋……＋50＝5,000（円）

などと丁寧に足し算したりはしないはずです。

50 × 100 = 5,000（円）

こちらのほうが、素早く計算を終えることができます。短い時間で効率的に量を把握したければ、掛け算を使ったほうがいいのです。

●日本のメガネ市場はどれくらい？

例を挙げましょう。

たとえば誰かが「日本のメガネ市場は年1兆円くらいあるんじゃないかな……」と発言したとします。さて、あなたの意見はどうでしょうか。「サッパリわからない……」ではなく、素早くざっくり数字で規模感を摑みたいところです。

まず、メガネの単価はどのくらいでしょうか。リーズナブルで若者に支持されるブランドも多数ありますが、高齢化が進んでいる背景を考えると、数万円のメガネにも需要はあると考えられます。たとえば平均単価を1万円だとしましょう。

Tシャツのような消耗品ではないので、誰もが毎年購入することはないはずです。メガネを必要とする人の50％程度が1年間に1本買うか買わないか、といったところではないかと考えてみます。

最後に、メガネを必要としている日本人は何人ほどいるでしょうか。ここでもざっくり人口1・3億人のおよそ半数いると仮定します。

1.3億人×0.5×0.5×1万円＝3,250億円

さすがに「1兆円」は多すぎるのではないかと疑うことができますね。実際、あるデータソースによれば市場規模は4000億円程度と言われています。

●その企画は100万部を狙えるか

別のケースで考えてみましょう。あなたがビジネス書の編集者だとします。100万部売れるベストセラーを狙うとしたら、どんなテーマを企画しますか。

たとえば女性営業職のための自己啓発本を企画したとして、そもそも女性の営業職は日本に何名いるでしょうか。

ざっくりですが日本の労働人口を人口のおよそ半数である6000万人、そのうち女性は50%、仮にそのうち営業職は10%程度としましょう。日常的にビジネス書を購入する人が（多く

見積もって）10％いたとしても、

6,000万人×0.5×0.1×0.1＝30万人

です。

どう考えても、この企画で100万部は厳しい。つまり、あなたは「女性営業職のための自己啓発本」は企画してはいけないということになります。

●「優先順位をはっきりさせろ！」と言われたら優先順位も数学的に決められる

キーワードは「優先順位」。

「優先順位を間違えるな！」とか「優先順位をはっきりさせろ！」など、今日もビジネスシーンではこんな言葉が飛び交っていることでしょう。

そこであなたに1つ質問です。

優先順位って、どう決めていますか。

あなただけで完結できる仕事なのであれば、順位を決める手法は何でもよいと思います。しかし、上司の了承や周囲の協力を得る必要のある仕事であれば、なぜそのような優先順位になるのかを、その人たちに説明しなければなりません。

周囲にも「なるほど」と言わせるような優先順位の決め方があるといいですよね。

実は、少し数学的に考えるだけでカンタンに優先順位を決めることができます。文系出身だからといって不安になることはありません。とてもカンタンな考え方なのです。

●年収800万円と600万円、どちらを選ぶ？

たとえばあなたが女性だとして、いま婚活をしているとしましょう。

あなたの好みは「年収1000万円の男性」だとします（実際、婚活のプロフェッショナルいわく、そういう女性が多いのだそうです）。もしあなたの目の前にふたりの男性がいたら、どうやってお付き合いをするパートナーを選びますか。

私ならまずは、いまの年収を（うまく）聞き出すことでしょう。

たとえばAさん800万円、Bさん600万円としましょう。

残念ながらふたりとも1000万円には届きません。しかし、ここで候補から外してしまう

図表1-1　年収の期待値を計算する

		年収（万円）	確率	期待値（万円）
Aさん	ネガティブシナリオ	800	50%	900
	ポジティブシナリオ	1000	50%	
Bさん	ネガティブシナリオ	600	30%	1020
	ポジティブシナリオ	1200	70%	

のはちょっと待ってください。こんなとき、数学的にはこう考えます。

いまお付き合いを始めたとしても、結婚するのは3年後くらいでしょうか。ふたりの仕事内容とその状況から、もしうまくいけば3年で年収がアップして、Aさんは1000万円、Bさんは1200万円くらいになるかもしれません。うまくいかなければ、もちろん金額はそのままです。

ただ、Aさんが1000万円に届くかは五分五分（つまり50％）、Bさんが1200万円に届くのはかなり可能性がある（たとえば70％）としましょう（本当に余計なお世話ですが、あくまで考え方の説明であることをご理解ください）。

年収の最小と最大、そしてその起こりやすさをすべて数値化しました。そこで、次のような計算をすることで、AさんとBさんそれぞれの〝年収の可能性〟の平均を算出するのです（図表1－1）。

Aさん　800 × 0.5 ＋ 1,000 × 0.5 ＝ 400 ＋ 500 ＝ 900（万円）
Bさん　600 × 0.3 ＋ 1,200 × 0.7 ＝ 180 ＋ 840 ＝ 1,020（万円）

よって、Bさんを選ぶほうが合理的であり、自分のベストパートナーになってくれる可能性が高いという考え方ができます。

このような計算手法を数学の用語で「期待値を計算する」と言います。あまりにカンタンな算数レベルの計算ですが、定量化するためにはとても有効です。実際にビジネスにおいても次のように活用できます。

●営業戦略も数学的に

あなたは営業担当者としてA社とB社にアプローチしています。受注獲得はほぼ間違いないものの、金額はまだなんとも言えない状態です。先方の感触から、A社はうまくいけば600万円、最悪は400万円、ただしうまくいく確率はざっと50%。一方、B社はうまくいけば700万円、最悪は200万円、ただしうまくいく確率はざっと70%くらい。

この状況で、もしあなたならどう優先順位を決めますか。

実はこんなシンプルな状況設定だけでも、計6つの数字が並んでいます。

これらをそのまま眺めていても、答えは見つかりません。

そこで、先ほどの婚活の話と同じように、数学的思考による期待値計算をすることで、A社

図表1-2　売上高の期待値を計算する

		想定売上高（万円）	確率	期待値（万円）
A社	ネガティブシナリオ	400	50%	500
	ポジティブシナリオ	600	50%	
B社	ネガティブシナリオ	200	30%	550
	ポジティブシナリオ	700	70%	

とB社を1つの数字で表現してしまいましょう。すると図表1－2のようになります。

つまりこの問題は、次のどちらを優先するかというシンプルな話になります。おそらく中学生でも意味は理解できるでしょう。

A社　リスクは低くて期待値500万円
B社　リスクはあるが期待値550万円

もしこの営業担当者の成績が、確実に数字を積み上げたい状況にあるのであればA社、多少チャレンジしても大丈夫な状況にあるのであればB社を優先してクロージングをかけるのがよいでしょう。いずれにしても、数値化すればカンタンに優先順位を決めることができます。

そしてこの手法が便利なのは、その優先順位の根拠を上司や同僚などにも説明しやすいということです。私がサラリーマンだった頃も、この表を見せて説明することでアッサリ説明が終わってしまったことが何度もありました。

図表1-3　数学的優先順位の決め方

優先順位を決めたい

▼

でも判断基準が明確になっていない

▼

数学的思考で、判断基準を1つの数字にしてしまう

▼

大小があるからカンタンに決められる

▼

しかも第三者に説明しやすい

数字で説明しないと「なんで？」となるのに、数字を見せると「あ、そう」となる。こんなざっくりした数字なのに、なんだか不思議です。

忙しい上司などはとにかく曖昧かつ定性的な会話を嫌います。そのような上司を納得させるには、一瞬で状況と論理がざっくりとでも理解できるものを見せるのが有効なのです。

●「1つの数字」で比べるから、決められる

ここまで、随分シンプルな話だなと思われたかもしれません。

しかし、私は優先順位を決めるという行為は、これくらいシンプルで十分だと考えています。

私が預かる企業研修の場でも感じることですが、成果を出している人ほど、物事をシンプルに考えてサッと優先順位を決めます。ところが、残念ながらそうでない人

は、いろんな情報を持ち出し、わざわざ議論を複雑にし、いつまで経っても決めることができません。

人は、選択する局面でいくつも判断基準があるから迷います。1つなら迷う必要はないのです。そして、その1つが数字で表現されていれば周囲への説明もラクです。なぜなら、数字には大小があるからです。

何か1つの数字にして比べることでシンプルにする発想は、あなたはもちろん、あなたの周囲にとってもメリットがあります。

コミュニケーションに言語は不可欠。だからこそ、数字という言語の便利な特徴をうまく使い、サクサク優先順位を決めて仕事を前に進めたいですね。

スターバックスコーヒーの1日の売上高を計算する方法

●「数字が苦手な人」は何が苦手？

数字が苦手な人は具体的に何が苦手なのでしょう。

暗算が苦手？　数字を読むのが苦手？　そもそも数字それ自体が苦手？　唯一の正解がないテーマですが、私の答えは少し違います。

実は、量になっていないものを量にすることが苦手なんです。まさに「定量化」ですね。

たとえば、日常会話の中でも「どれくらい？」と思わず尋ねたくなるようなときがありませんか。


「駅前のイタリアンレストラン。大行列ができていたよ！」

「ずっと欲しかったアウトドア用品、すごく安く買えたんだ！」

「俺、恋愛経験は割と豊富なんだよね」


いかがでしょう。思わず「具体的にどれくらい？」と量を尋ねたくなりませんか。

普段の会話なら支障はなくても、ビジネスの会話においては相手に「どれくらい？」と思わせないようにしたいもの。なぜなら、ミスコミュニケーションを生んだり、余計な会話をしてしまったりと、あまりいいことがないからです。

そこで本項では、量になっていないものを具体的な量にするトレーニングをしましょう。安心してください。あなたにとって身近なテーマで、しかもこれまでにご紹介したエッセンスを使うだけです。

あなたでも、必ずできるようになります。

●客を2種類に分けて考える

［チャレンジ］（目標10分）

あなたの自宅からいちばん近くにあるスターバックスコーヒーの店舗を想像してください。さて、一日の平均売上高はどれくらいでしょうか。

［解答例］

スターバックスコーヒーの客は2種類に分けられます。店内で飲食する客と、持ち帰り客です。計算ロジックが異なるので、この2つは分けて考えることにします。

ただ、10分間あるのでもう少し深掘りできそうですね。上記に加えて、朝、昼、夜と時間帯別でも考えてみましょう。

●モレなくダブりなく整理する

〈朝〉

店内にしろ持ち帰りにしろ、朝の仕事前にコーヒーを楽しみたい人はたくさんいるのではないでしょうか。ただし、その人たちはこれから仕事があるので、店内で飲むとしてもそれほど長居はしないでしょう。

図表1-4　来店客を整理する

お客様

		来店数	店内の回転	客単価
店内	朝	多い	はやい	ふつう
	昼	ふつう	おそい	ちょっと高め
	夜	少ない	ふつう	ふつう

		来店数	店内の回転	客単価
持ち帰り	朝	多い	―	ふつう
	昼	ふつう	―	ちょっと高め
	夜	少ない	―	ふつう

〈昼〉

昼間の時間帯は一転して長居をする客が多いと想像します。

実際、私の自宅近くにあるスターバックスコーヒーの店舗では、昼の時間帯はいわゆるノマドワーカーがパソコンで仕事をする姿を見かけます。しかも、長居をするので「おやつにケーキやドーナツなども……」という客もいるでしょう。客単価は上がるかもしれません。

〈夜〉

夜になると、コーヒーというよりはしっかり夕食やアルコールを楽しむ方が多いでしょうから、来店客数は減ると想像します。

以上をまとめると、このように整理できるでしょうか（図表1-4）。

図表1-5　1時間の客数を概算する

		座席数	占有率	回転数（1時間）		客数（1時間）
店内	朝	50	50%	2	➡	50
	昼	50	100%	0.5	➡	25
	夜	50	50%	1	➡	25

ちなみにこのような行為を「モレなくダブりなく整理する」と言います。あなたも論理思考の本やセミナーなどで聞いたことがあるかもしれません。

こういう局面でも、やはり論理思考は必要なのですね。

次に、「多い」「ふつう」「少ない」といった言葉を具体的な量にしていきます。

●量になっていないものを量にする

〈店内〉

まず、座席数は数字で把握していないといけません。

私の場合は「50席」としました。

次に、1時間のうちにその座席の何%が埋まっているかを想像し、数値化します。そして、座席の回転数もざっくり数値化します。たとえば朝の時間帯であれば店内に30分くらいの滞在と仮定し、1時間の回転数を「2」とします。

これらの数字を掛け算することで図表1-5のように、1時間の客数が

図表1-6　1日の平均売上高を概算する

		客数（1時間）	時間	客単価		売上高
店内	朝	50	2	¥400	→	¥40,000
	昼	25	8	¥800	→	¥160,000
	夜	25	4	¥400	→	¥40,000
						¥240,000

		客数（1時間）	時間	客単価		売上高
持ち帰り	朝	20	2	¥400	→	¥16,000
	昼	15	8	¥800	→	¥96,000
	夜	10	4	¥400	→	¥16,000
						¥128,000

合計売上
¥368,000

概算できます。

〈持ち帰り〉

店内とは違い、店内のキャパシティや占有率、回転数といった概念は必要ありません。よって、単純に来店客数を想像して数値化し、時間と客単価を掛け算するだけです。

上記で得た〈店内〉と〈持ち帰り〉の具体的な数で計算をすると図表1-6のようになります。

以上より、私の自宅からもっとも近いスターバックスコーヒーの1日の平均売上高は36・8万円、つまり30万円から40万円程度であろうと結論づけました。

●このエクササイズの本質は?

もちろんスターバックスコーヒーの店舗にも場所によって特性がありますから、あなたの設定した客単価や客数はこれとは違うことでしょう。よって結論もまったく異なるはずです。しかし、このトレーニングはそこが本質ではありません。

モレなくダブりなく整理
←
量になっていないものを量にする
←
短時間で総量を捉える

この思考プロセスが使える状態にあるかどうかということが大切です。
なぜなら、この思考法は普段のビジネスシーンでも頻繁に使うからです。たとえばあなたが売上計画を立てるとして、その数字をどうつくっていくでしょうか。まさか適当に1億円なんて決めませんよね。

←
商品ジャンルは何がある？（モレなくダブりなく整理）

それぞれ単価、想定客数は？（量になっていないものを量にする）
←
それらを合計し、想定売上は1億円（短時間で総量を捉える）

実際はもう少し複雑に仕事をするでしょうが、シンプルにはこういうプロセスを踏んで数字をつくっていくはずです。つまり、先ほどのスターバックスコーヒーの問題は単なる数字遊びではなく、誰でも必要な「定量化する技術」を鍛えるエクササイズなのです。

私は社員研修などの場では、「ビジネスで相手に『どれくらい？』と尋ねられたら、自分のコミュニケーションに何かが足りないと思ってください」と伝えています。つまり、伝えるべきものを伝えていないということです。

あなたも、今日からは「どれくらい？」に数字で答えるようにしてみてください。

「愛」の値段はどう計算できるか

●「プライスレス」は禁句

ビジネススクールの講義などで扱われるテーマに、「愛の値段は、いくら？」というものがあります。

「そりゃプライスレスでしょ！」「お金に換算するなんて、ナンセンスじゃない？」と言いたい人もいるでしょう。もちろん私もそう言いたくなります。

でも、ちょっと待ってください。

実は数字に強い人はこういう難題に対しても次のようなふたつの思考回路が働き、見事に数値化してみせるのです。

・定義する
・比べる

どういうことか、説明していきましょう。

●「愛」をどう定義するか

まず、「愛」という概念が極めて曖昧です。具体的に定義しないままいくら考えたって、値段など計算できないのではないでしょうか。

そこで、たとえば「愛」を「誕生日プレゼントの金額」と定義してみましょう。つまり、愛が大きければ大きいほど、その相手への誕生日プレゼントの金額も大きいと考えます（実際はそうでないケースもあるかもしれませんが)。

たとえば、もしあなたに愛する恋人がいたとして、その相手への誕生日プレゼントにはいくらまでかけることができますか。一方、まったく愛情のない普通の知人に誕生日プレゼントを渡すとしたら、いくらまでかけることができますか。

つまり、「愛」があるケースとないケースで比べることで、「愛」の値段をはかるのです。

「愛」がある ↓ 恋人へのプレゼント
「愛」がない ↓ 普通の知人へのプレゼント

仮に私が愛する恋人へ誕生日プレゼントを購入するとしたら、予算は5万円程度でしょうか。

一方、ごく普通の友人に誕生日プレゼントを購入するとしたら、5万円は出せません(苦笑)。正直なところ、5000円が限界です。

「愛」がある ↓ 恋人へのプレゼント=5万円
「愛」がない ↓ 普通の知人へのプレゼント=5000円
↓

つまり、恋人への「愛」の値段＝4万5000円

という結論を出すことができるのです。

●夫婦の「愛」の値段は??

今度は「愛」を「夫婦関係を維持するエネルギー」と定義してみます。

次に、何かと何かを比べる必要があるので、ここでは「夫婦関係を維持しているふたり」と「夫婦関係が破綻したふたり」を比べることにします。

では、この二者を比べて、金額で表現できるものはないでしょうか。少々デリケートな話ではありますが、たとえば慰謝料などはどうでしょう。もちろん慰謝料が発生しないケースもあるかと思いますが、ここはシンプルに考えてみます。

「愛」がある　↓　夫婦関係を維持　↓　慰謝料は不要
「愛」がない　↓　夫婦関係が破綻　↓　慰謝料が発生

あるデータによれば、離婚原因などによってその金額は100万円～1000万円と幅があ

るとのことですが、ここではざっくり平均として500万円程度としておきましょう。

「愛」がある↓夫婦関係を維持↓慰謝料は不要＝0円
「愛」がない↓夫婦関係が破綻↓慰謝料が発生＝500万円
←
つまり、配偶者への「愛」の値段＝500万円

そんな結論が考えられます。

●比較対象となる数字をつくる

さらに別の考え方でも「愛の値段」を計算できるかもしれません。再び定義に注目しましょう。

子供への「愛」という視点で捉え、「愛」の定義をこうしてみます。

「愛」＝子供が0歳から成人になるまでの間に与えたもの

大雑把に、その子供にかけた金額ということにしましょう。
一般的に、1人の子供を成人まで育て上げるのに1500万円はかかると言われます。
ただ、この定義だと比較する対象が見つかりません。
そこで、私なら子供を持つ親にこんなアンケートをとるでしょう。すなわち、比較対象となる数字を自らつくるのです。

［アンケート］
自分の子供が0歳から成人になるまで1500万円かかるとします。
もし、「孤児救済プロジェクト」のようなものがあり、あなたにとってはまったく見ず知らずの子供（0歳）が成人するまでにいくらか援助して欲しいと言われたら、いくらまでなら出せますか。
ただし、あなたはそれを考えるに十分な経済的余裕があるとします。

先ほどの夫婦の問題と同じように、「愛」があるケースとないケースで比較してみます。

「愛」がある　↓　自分の子供　↓　たくさんお金を使ってあげたい

「愛」がない ↓ まったく見ず知らずの子供 ↓ 正直、あまりお金を使えない

人それぞれ、考え方は違います。自分の子供と同じだけ出せますと答える方もいれば、正直言って1円も出したくない、という方もゼロではないでしょう。

このアンケートの平均値が500万円という回答であれば、

「愛」の値段は1,500万円－500万円＝1,000万円

ということになります。

「愛」がある↓自分の子供↓たくさんお金を使ってあげたい↓平均1500万円
「愛」がない↓見ず知らずの子供↓正直、あまりお金を使えない↓平均500万円
←
つまり、自分の子供への「愛」の値段＝1000万円

と計算することができるのです。

●数学的な思考回路とは

ここまで3パターンのロジックで考えてみましたが、すべてに共通するのは2つの思考回路が働いたということです。

・定義する
・比べる

数学的な思考回路を持つ人は、例外なく「定義」にこだわります。なぜなら、かつて勉強した数学は、何かを定義しないと始められない学問だったからです。

たとえば、問題文の中に「整数」という言葉があったとすると、その言葉は問題を解く前にどこかで明確に定義されたもののはずです。「整数ってなんだっけ？」な状態では、その問題を解くことは絶対にできません。当たり前と言えば、当たり前のことです。

また、数字という言語の最大の特徴は大小があることです。大小があるから、何かと何かを比べることで大きい・小さいといった「差」を明確に表現できます。これもまた、当たり前のことでしょう。でも、その当たり前の特徴をうまく使っているのです。

●「定量化」がうまい人が持っている感覚

この項のまとめを表現するとこうなります。

何かを明確に定義しないと、思考は始まらない。
何かと何かを比べるから、数字はつくれる。

一見ムチャクチャなテーマに思われるものの「定量化」でも、このような数学的思考を使えば誰でもできるようになるのです。

数字に強く、なんでも数値化することにチャレンジできる優秀な人は、無意識かもしれませんが、おそらくそのことを知っているのでしょう。

いかがでしたでしょうか。

正解のない問題。だからこそ、アタマに心地よい汗をかける問題でもあります。

もしあなたなら、どのようなロジックを組み立てて「愛」の値段を計算しますか。「プライスレス」という便利な言葉に逃げず、スキマ時間を使ってぜひチャレンジしてみてください。

2 数学的センスの磨き方

センスはスキマ時間に磨かれる

●「勉強」よりも「習慣」

第1節では、定量化するために必要な〝数学的思考〟についてお話をしてきましたが、ここからはテーマを〝習慣〟にし、あなたが数字に強くなるためのお手伝いをしていきたいと思います。

さっそくですが、あなたは〝習慣〟という言葉から何を連想しますか。

毎朝ストレッチをする。日経新聞を読む。電車の中では英会話のリスニングをする。寝る前に日記をつける。……もしあなたに何かしらの習慣があるなら、その具体的な行動を思い浮かべたことでしょう。

習慣とは、強制されなくても繰り返しできる行動のことです。

もしあなたが健康であり続けたいとしたら、そのために大切なことは何でしょう。おそらく人体に関する勉強をすることではありません。健康によいとされる行為を、コツコツと繰り返すことです。たとえば野菜を食べる、できるだけ階段を上る、適度な運動をする、などでしょうか。

つまり、健康に必要なのは「勉強」ではなくて「習慣」です。

それと同じように、もしあなたが数字に強くなりたいと思っているのなら、そのために大切なことはかつての算数や数学をいまから勉強することではありません。数字に強くなるためのトレーニングを、コツコツと繰り返すことです。

つまり、あなたに必要なのは「勉強」ではなくて「習慣」だということです。

●スキマ時間を使え

そう言うと、「え？ 毎日、計算ドリルをやれってこと？」と誤解されてしまいそうですが、そうではありません。計算ドリルもある意味では「勉強」ですよね。数字が苦手なあなたにとっては、とてもストレスフルな行為ではないでしょうか。

そこで、先ほどの習慣という話題をもう少し深めてみましょう。

私たちビジネスパーソンは日々とても忙しい生活をしています。そんな時間に追われる毎日の中で、それでも何か能力を高めたいとするならば、いったいどうすればよいと思いますか。

そうなんです。

私たちに「苦手なことをいまから勉強し直す」なんてことをしている時間はないはずです。あなたには「計算ドリル」をしている時間はないのです。

ではどうするかというと、ちょっと空いたスキマ時間を上手に使うしかない。そしてそれを習慣、つまり繰り返しできてしまう行為にするのです。

たとえば英会話が典型的な例です。よく、ビジネスパーソンが毎朝の通勤途中にイヤホンを通じてエクササイズをしていますが、あれこそまさにスキマ時間を上手に使って、習慣にした結果でしょう。ちょっと英会話の本を読んだだけでは、上手に話せるようにはならないですから。

この英会話の話は、他の何にでも当てはまる話です。つまり、あなたが本当に数学的思考を手に入れるためには、ちょっと勉強したり、本書を読んだだけでは残念ながら足りないということ。スキマ時間を使って、あなたの脳をどれだけ数字と戯れさせるかが極めて重要になるのです。

●電車の待ち時間に何をしていたか

1つ質問です。

Q　昨日、あなたは何をしていましたか。

仕事をしていた。1日中ぼーっとしていた。彼女（彼氏）とデートしていた。……人それぞれ、明確に答えがあることでしょう。では、この質問に関してはいかがでしょう。

Q　昨日、あなたは電車の待ち時間に何をしていましたか。

さて、明確に答えることができるでしょうか。ゲームをしていた？　ぼーっとしていた？　考えごとをしていた？　近くにいた美人（イケメン）に見とれていた？　何をしていたか、何を考えていたか、具体的に覚えているでしょうか。

この質問、答えの内容は問題ではありません。大事なのは、ちょっとしたスキマ時間に何をするかを、人はあまり意識して生活していないということです。

ちなみに私（深沢）は昨日、電車の待ち時間をはじめとするスキマ時間にはこんなことをしていました。

［深沢真太郎のスキマ時間の過ごし方］

電車の待ち時間はまさにスキマ時間。いまからホームに入ってくる電車の乗客数をアタマの中で概算（具体的にどう計算するかはのちほどご説明します）。

←

そして電車に乗った後もある意味ではスキマ時間です。その車内で、○○○線が1時間に売り上げる金額は実質いくらかをアタマの中で概算。

←

その後、自宅の最寄り駅に到着し、飲食店に立ち寄りました。オーダーした食事と飲み物が運ばれてくるまでのスキマ時間は、その店の1日の売上高を推理し、アタマの中で概算。

←

夜寝る前のちょっとしたスキマ時間、その日、自分は階段をトータル何段上ったのかを想像し、アタマの中で概算。

●人生はスキマ時間の使い方で決まる

まあ、あまりこんなことばかりしていると変人になってしまうので程々でいいとは思いますが、要するに習慣にできれば数字で考えるなんて難しくもなんともありませんし、定量化なんて簡単にできるようになるのです。

換言すれば、習慣化できれば勝ちというわけです。

大切なことなので繰り返します。

ビジネスパーソンには時間がありません。だからこそ、ほんの少しのスキマ時間に何をするかがその人を決める。

毎朝、通勤電車の中を眺めていると、スマホでゲームをしている人が本当にたくさんいます。もちろんそれ自体を否定するつもりはまったくありません。貴重な自分の時間ですから。


でも、その時間をゲームで遊んで過ごしているビジネスパーソンが「数字に強くなりたい」「モチベーションが上がらない」「もっとデキる人になりたい」と言いながらビジネス書を買い漁ったり、高額のセミナーに足を運んでいるとしたら、「言動が矛盾していないですか？」と私は思うのです。ほんの数分、それほどお金をかけなくてもできることがいくらでもあるだろうと。

もっと私たちはスキマ時間の重要性を認識すべきです。

●「がんばります」を数字で表現すると？

最後に、私がスキマ時間にしていることの中から、詳しい説明が不要なものをいくつかご紹介しておきましょう。もしかしたら、あなたにも明日からできることがあるかもしれません。

もしそれが習慣になったら、あなたは数字に強いビジネスパーソンへのチケットを手に入れたようなものです。なぜなら、日本でただ1人のビジネス数学の専門家（「ビジネス数学検定」国内初の1級AAA認定者）と同じスキマ時間の過ごし方をしているのですから。

①レシートに書かれている何桁かの数字で四則演算をし、「0」や「10」といった数字をつくる
②街中の広告表現を見て、これは本当に「おトク」なのかを考える
③今日の会議での自分の「がんばります」は、数字で表現すると？と考える
④雑誌の記事で使われているグラフを見て、自分ならどう見せるかを考える
⑤日経新聞を記事の文章から読まずグラフや表に書かれた数字を先に読み、そこから内容を推理する

特に③などはオススメです。定量化が苦手な人ほど、いいトレーニングになるでしょう。

「会議に1分遅刻」はいくらの損失か

●「時間」を金額換算する

数字に強くなり、そして定量化がサクッとできるようになるためには、勉強しようとするのではなく、習慣にすることがポイントだとお伝えしました。

そこで、本項では私がスキマ時間によくやっている（つまり習慣化している）トレーニングを1つご紹介しましょう。

それは、「時間」を金額換算することです。

私たちは常に「時間」とともに過ごしています。ということは、どんな瞬間にも必ず「時間」という概念が存在するはずです。極めて身近な存在だからこそ、スキマ時間に習慣化するための素材として最適なのです。

●「タイム・イズ・マネー」と言うわりに……

「タイム・イズ・マネー」という言葉がありますね。

時間を大切にしなさい。無駄な時間など1秒もない。そんな大切なことを教えてくれる素晴らしい言葉です。この言葉を好んで使っている方もいるのではないでしょうか。

しかし、ひねくれた性格（？）の私は、こうも思うのです。

あれだけ「タイム・イズ・マネー」などと声高に叫ぶくせに、その「タイム」を「マネー」に換算できる人は果たしてどれくらい存在するのだろうと。

ビジネスパーソンの教育研修を仕事にしていて思うことがあります。それは、私は「聞き心地の良い言葉だけで終わる人」が好きではないということです。なぜなら、成果を出していない、研修のパフォーマンスが悪い人物ほど、そのような言葉を声高に叫ぶからです。

「がんばります」「なんとかします」「考えるな、感じろ！」……etc.

どれも響きは美しい。

でも、具体的にどうがんばるのか、どうやってなんとかするのか、そこを語れない人が多いように思います。「考えるな、感じろ！」はちゃんと考えられる人にしてはじめて使ってよい言葉です。「考える」をしていない人が、この言葉を使うのは単なる逃げでしかありませんから。

●時間を金額換算するメリット

話をもとに戻しましょう。時間を金額換算できることは、あなたにも次のようなメリットがあります。

・数字で考えるチカラが鍛えられる
・ものの価値を定量化できるようになる

・本当の意味で、時間を大切にできるようになる

ですから私も、スキマ時間にはいろいろなテーマを使ってアタマの中で概算して遊ぶようにしています。もう習慣といってもいいでしょう。

1つ具体的なテーマを設定して演習してみましょう。

●「1分の遅刻」はいくらの損失？

［問題］
あなたは5人が参加する会議に出席予定。ところが、会議の参加者の1名が少し遅れ、それを全員で待っていたために会議のスタートも1分ほど遅れた。この1分間の遅延は金額にしていくらの損失になるか、概算せよ。

たかが1分間と思われるかもしれません。しかし、あなたもおそらく新入社員だった頃に「1分も10分も遅刻は遅刻」などと指導された経験があるはずです。1分だからOKということはないのです。

もし私なら、ざっくり次のように金額換算するでしょう。

まず、金額で表現する「損失」が誰の損失かを定義します。

会社はこの5名に給与を時間給（平均3000円とします）で支払っているとします。

当然、給与を支払っているその時間は（たとえ1分間であろうと）仕事をし、成果を出してもらわなければなりません。にもかかわらず、この会議は1分間「死んだ」状態でした。これは換言すれば、会社は成果を出してもらう前提で5人に給与を支払っているにもかかわらず、この5人は成果を出す行為をしていなかったということです。

会社が支給する1分あたりの給与　3,000（円）÷60（分）＝50（円／分）
その5人分　50（円／分）×5＝250（円／分）

つまり、会社はこの「死んだ」1分間に250円を支払っているということです。

あなたは「たった250円か」と思うかもしれませんが、それはこの250円があなたのお財布から出ていないからです。もしもあなたの貴重な資産の中から、こんな形で250円がドブに捨てられるとしたら、きっとイヤな気分になるはずです。そしてこれが、経営者の気持ちなのです。

●「経営者の気持ち」を想像する

ですから私は企業研修などでも必ずこのような類いの演習を課します。

それは、参加者の数学的リテラシーを高めるためでもありますが、もう1つの目的は経営者の気持ちを理解してもらい、本当の意味で時間とお金を大切に使う人財に育てることなのです。裏を返せば、企業のトップは従業員にそういう視点を持ってもらいたいと思っているのです。ヒト・モノ・ジカンにはすべてお金がかかっているのだと。

経営者の気持ちのすべてを理解しろとは言いませんが、ほんの少しだけでもその立場を想像してみると、本章のテーマである「定量化」がいかに大切であるか、あらためてご納得いただけるのではないかと思います。

最後に、類題を1つご用意しましょう。私もよくスキマ時間に考えている問題です。

●「通勤電車の5分遅延」はいくらの損失?

［問題］

あなたが毎日利用する通勤電車。

乗客の1人が駆け込み乗車をしてしまい、その影響で5分ほど遅れた。さて、この5分の遅延による社会的影響を金額換算するとざっくりいくらでしょうか。

通勤電車に乗っているときなどは、まさにスキマ時間です。何をしていても結構ですが、このようなテーマで思考のエクササイズをするのも有効な時間の使い方ではないでしょうか。

面倒くさい？　たしかに最初はそうかもしれませんね。でも、誰か先生がいるわけでもなく、唯一の正解がある問題でもありません。あなたが出した結論で、あなたが恥をかくことなどありません。

難しそう？　いえいえ、大丈夫です。先ほどの会議の問題と同様に考えれば、あなたでも必ず概算値が短時間で計算できます。

もし算出の方法が考えられたら、ぜひ「それは1秒あたりいくらになるのか」という視点を持って数字を弾き出してみてください。

「駆け込み乗車」という1人の身勝手な行為は、社会的にどのくらいインパクトのある迷惑行為になるのか、たった1秒でいくらの金額をドブに捨てることになるのか、数字で捉えることができるでしょう。

ちなみにこのエクササイズは拙著『10戦9勝の数字の使い方』（小学館新書）の中でほぼ同様の問題としてご紹介し、概算ロジックも解説しています。よろしければご参照ください。

なお、本項は算数レベルで概算する思考回路のお話ですので、経済学的な視点や細かい前提などは無視して論じていることをご了承ください。

昨日あなたは階段を何段上ったか

●「定量化トレーニング」はこんなテーマで

私がスキマ時間によくやっている（つまり習慣化している）トレーニングをここまでご紹介してきました。前項の「1分間の遅刻を金額に換算する」といったことも、まさにスキマ時間で考えることの1つです。習慣の話をまとめる意味で、本項では読者の方がいま感じていると思われる次の疑問に答えようと思います。

スキマ時間に「定量化」をトレーニングしたいとき、どんなテーマでするのがいいか。

答えとしては「何でもアリ」なのですが、それではあなたも困ってしまいますよね。そこで、この疑問の答えを言語化し、1行で表現すると、こうなります。

数えられなくはないけれど、現実には数えられないものをテーマにする。

●「数えられないもの」を数えなさい

定量化とは文字通り〝量にする〟ということです。量にするということは換言すれば、〝何かを数えている〟のです。ところが、たとえばITツールなどで実際に数えられるもの（お店のPOSデータなど）は、現実には人間が必死になって数える必要などありません。なぜなら、ツールがアッサリ集計してくれる（数えてくれる）からです。

しかし、ビジネスの世界には人間が実際には数えられないけれど、どのくらいか把握しなければならない局面があります。

たとえば婚活ビジネス。独身女性のなかで「年収300万円の男性」でも結婚相手の候補に入ると考えている人は国内に何名くらいいるのかといったことなどがそれにあたります。まさか、国内のすべての独身女性にリサーチするわけにもいきませんから。

つまり、せっかくスキマ時間でトレーニングするのであれば、このようなビジネスでの実践を意識して、数えられなくてはないけれど、現実には数えられないものをテーマにするのがよいのです。

たとえばこんなテーマを設定してみましょう。

Q　昨日、自分は階段を何段上ったか。

もちろん1段ずつ数えているなんてことはないでしょう。仮にあなたが万歩計を持っていたとしても、上った（下った）階段の段数だけを測ることはできないはずです。ということは、この質問に答えるためにはどうしてもあなたのアタマを使う必要があるということです。

たとえば私ならこう答えるでしょうか。昨日は研修の打ち合わせのため都内某所にあるクライアント企業に足を運び、その後に近くの書店に向かい、自宅に戻りました。階段の段数はざっくりしたものです。正確である必要はいっさいありません。

[解答例]

〈自宅～クライアント企業〉

40×3＝120段

自宅の最寄り駅（上り）＝40段

乗換駅（上り）＝40段

クライアント企業の最寄り駅（上り）＝40段

〈クライアント企業～書店〉

歩道橋（上り）＝40段
40×1＝40段

〈書店～自宅〉
40×4＝160段
歩道橋（上り）＝40段
書店の最寄り駅（上り）＝40段
乗換駅（上り）＝40段
自宅の最寄り駅（上り）＝40段

合計 120＋40＋160＝320 段

●「量」にするから、気づくことがある

この数字、思っていたより少ないというのが私の所感です。このような数字があると、ついエレベーターやエスカレーターを使ってしまう場所でも、健康と体力向上のために、あえて階段を使ってみようかなと思えます。些細なことではありますが、気づきと改善策を得ることが

できました。

- **数字で測るから具体的な情報になる**
- **具体的な情報になるから、気づくことがある**
- **気づけるから、改善もできる**

これは、普段の生活やビジネスにおいてもまったく同じことが言えますよね。数えられなくはないけれど、現実には数えられないものを定量化できることは、やはりメリットがありそうです。

普段からこのようなテーマを自ら設定し、ほんのスキマ時間でトレーニングしてみる。すると、いざビジネスの商談やミーティングなど、サクッとアタマの中で概算する必要があるときに簡単に数字をつくることができるようになります。

少なくとも、日本でただ1人の「ビジネス数学の専門家」は、いまもそのようにして〝数字アタマ〟を鍛えています。そしてそれは、あなたでも必ずできる簡単なことなのです。

●けっきょく、何でもアリ

最後に、このような数えられなくはないけれど、現実には数えられないものの例をいくつかご紹介しておきましょう。はっきり申し上げて、「何でもアリ」です。

あなたが楽しめるような面白いテーマで遊んでみてください。

・今日、プロポーズする日本人男性は何人か。
・いま自分の髪の毛は何本あるか。
・人が一生かけて飲む水分と琵琶湖の水量はどちらが多いか。
・「愛」の値段は、いくらか。
（※「愛」の値段は、本書33ページでご紹介しています）

3　エクセルを使った数学的仕事術

将来の売上高を予測できる「移動平均法」

●エクセルで、「なるほど」をつくれ

ここまで、定量化をテーマにしてきましたが、その内容はどちらかというと「自分のアタマを使って定量化していきましょう」でした。しかし、必要な数字をあなたの頭脳だけで定量化するのがちょっと難しい局面もあるはずです。

たとえば膨大なデータから平均値や予測値を算出したいときなど。そんなとき、私たちはどうやって必要な数字をつくっていけばよいのでしょうか。

もうお気づきですね。そう、エクセルを活用するのです。昨年あたりから、エクセルはちょっとしたブームのようです。書店に行けばエクセル関連の書籍が溢れ、なかにはベストセラーになったものも。そういう意味でエクセルは私たちビジネスパーソンにとって強力な武器になるものと言えます。定量化したい局面でも威力を発揮してくれることでしょう。

そこでここからは、定量化することで相手に「なるほど」と言わせるエクセルの仕事術をい

図表1-7　売上の3カ月データ

	4月	5月	6月
売上高	3.5	3.7	4.2

（単位：億円）

くつかご紹介することにします。

誰でも明日からできることばかりですので、あなたの仕事に置き換えながら読み進めてみてください。

●平均値を予測に使う

たとえばこのような売上データがあったとします（図表1-7）。

この3カ月のデータだけから7月の売上予測をするとしたら、あなたなら何をしますか。これだけのデータでもできることはいくつかあります。たとえば前月比から推測するといった方法論もありますね。しかし、誰もが思いつく数学的操作を使えば、このような予測の仕方もあるかもしれません。

7月の売上予測値＝3カ月の平均値

7月がアップするかダウンするかわからない。ならば、直近の3カ月のデータの平均値を予測値としておく。合理的かつわかりやすいですね。

では、もし次のデータだったらどうでしょう（図表1-8）。同じように全24個のデータの平均値を、2016年4月の予測値としてもよいでしょうか。ちなみに24個のデータの平均値はおよそ3・2（億円）です。

図表1-8　売上の24カ月データ

	4月	5月	6月	7月	8月	9月	10月	11月	12月	1月	2月	3月
2014年度売上高	3.5	3.7	4.2	3.8	3.8	3.7	3.9	3.2	4.1	3.5	3.3	3.6

	4月	5月	6月	7月	8月	9月	10月	11月	12月	1月	2月	3月
2015年度売上高	3.2	3.1	3.2	3.1	2.9	2.7	2.8	2.6	2.9	2.5	2.4	2.2

（単位：億円）

図表1-9　売上高の推移

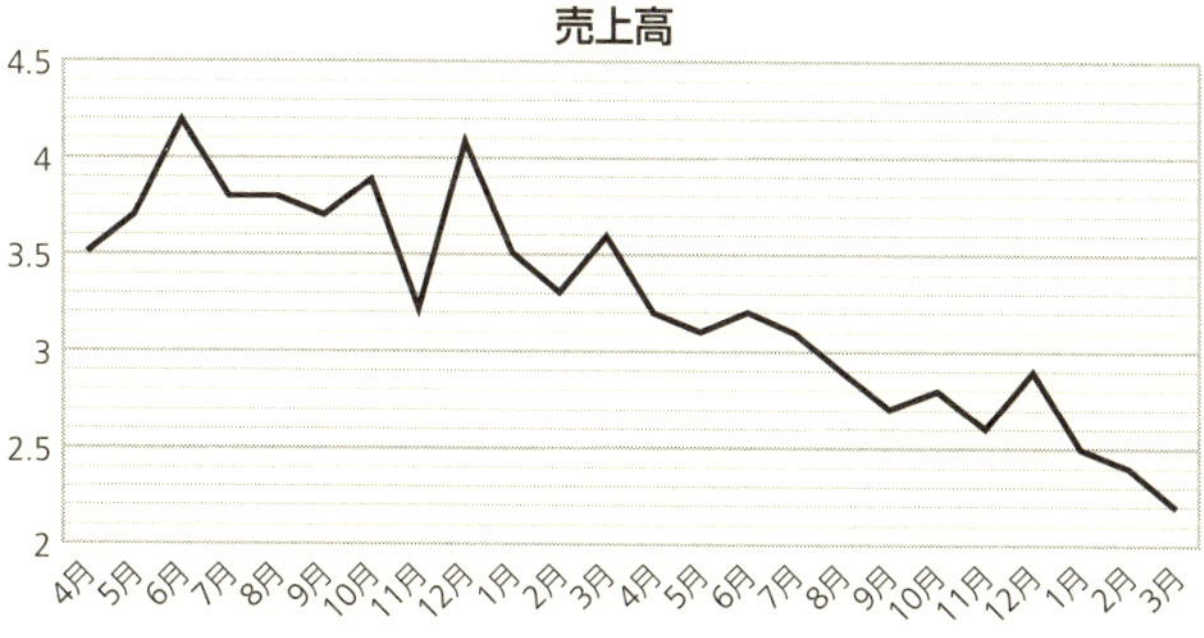

このエクセルシートの数字の羅列ではイメージがつきにくいので、このデータをそのままグラフにしてみましょう（図表1-9）。

ご覧のとおり、売上高は減少傾向です。本当に平均値3・2（億円）を2016年4月の予測値としてよいのでしょうか。

おそらく多くの方の答えはNOだと思います。ということは、予測値3・2億円という主張に「なるほど」と思う人は極めて少ないということになります。

そこで、どうすれば「なるほ

ど」が生まれるかを考えましょう。

●平均値を使って傾向を表現する

・誰もが知っている「平均値」を使う
・さらに、減少傾向も数字で表現したい

この2つの条件を満たす数学的手法があります。それがここでご紹介する「移動平均法」と呼ばれるものです。

考え方はとても簡単です。たとえば「3カ月移動平均値」という数値をエクセルで算出してみましょう。

まず、2014年4月〜6月の3カ月間の平均値を算出します（3・8）。

次に、2014年5月〜7月の3カ月間の平均値を算出します（3・9）。

以下、同様に続けていけば、計22個の「3カ月移動平均値」が算出できます。あとはそれをグラフで表現しましょう（図表1-10・11）。

実線の折れ線グラフが実際の売上高の推移。点線の折れ線グラフが3カ月移動平均値の推移

図表1-10　売上高と3カ月移動平均値

	4月	5月	6月	7月	8月	9月	10月	11月	12月	1月	2月	3月
2014年度売上高	3.5	3.7	4.2	3.8	3.8	3.7	3.9	3.2	4.1	3.5	3.3	3.6
3カ月移動平均値			3.8	3.9	3.9	3.8	3.8	3.6	3.7	3.6	3.6	3.5

	4月	5月	6月	7月	8月	9月	10月	11月	12月	1月	2月	3月
2015年度売上高	3.2	3.1	3.2	3.1	2.9	2.7	2.8	2.6	2.9	2.5	2.4	2.2
3カ月移動平均値	3.4	3.3	3.2	3.1	3.1	2.9	2.8	2.7	2.8	2.7	2.6	2.4

（単位：億円）

図表1-11　売上高と3カ月移動平均値

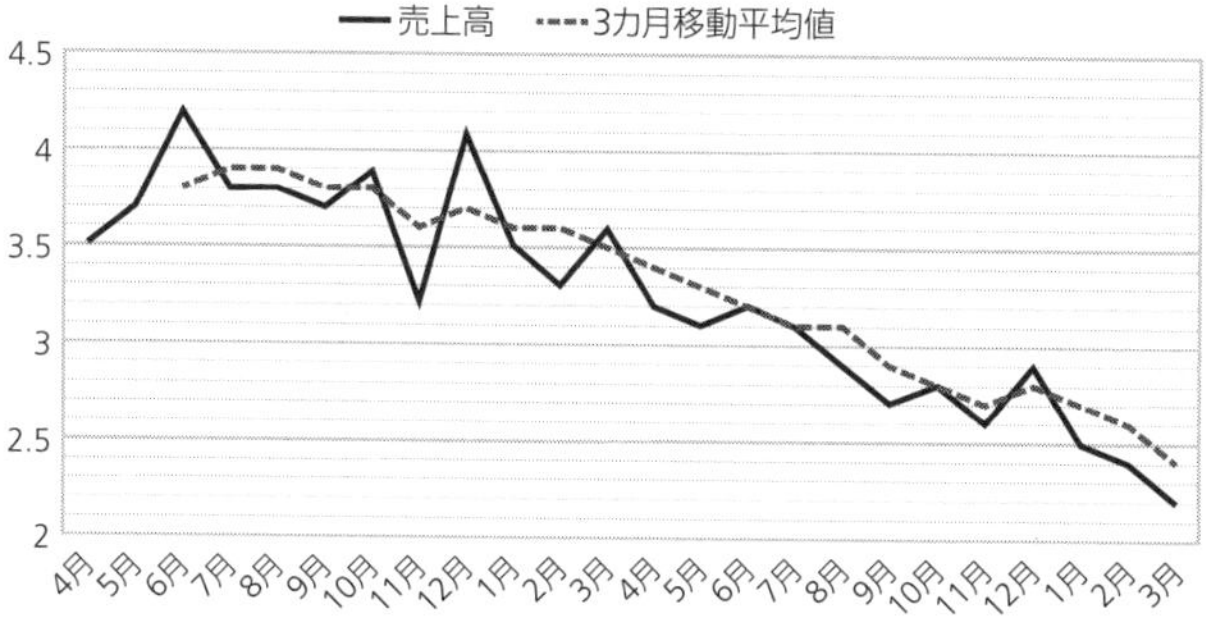

です。平均値を算出することで細かい数字のアップダウンは排除され、傾向が極めてわかりやすい状態で表現されました。

●移動平均値を使って、こう伝える

そこで、このグラフをもとにこのようにプレゼンテーションしてみてはいかがでしょう。

「ご覧のとおり、明らかな減少傾向にあります。直近の1年を見ても、移動平均の推移と実際の売上高の推移にはほとんど差がありません。したがいまして、今後もこの傾向が続く可能性は高いと思われます。つまり、２０１６年４月の売上高は２・２から２・３億円ほどと見込んでおくのが妥当ではないでしょうか」

おそらくこのプレゼンテーションを聞いた方のほとんどが「なるほど」という感情になってくれるでしょう。

平均値はとてもわかりやすい数値です。ですからビジネスコミュニケーションにおいても正しく（！）使えば、相手に納得感を与えてくれる武器になるのです。エクセルを使えばそんな武器があっと言う間につくれるわけですから、これは使わない手はありませんね。

ちなみにここでご紹介した移動平均法は必ず3カ月でないといけないわけではありません。もっとざっくりした傾向がわかればよいのでしたら6カ月でもよいでしょう。ただ、大まかな傾向は掴みつつ、多少は山と谷（数字のアップダウンの周期）なども把握したい場合は、まずは3カ月から4カ月くらいの細かさでやってみるのがよいでしょう。

小学生レベルの算数とエクセルがあれば、「なるほど」と言わせる数字はつくれます。

文系でも数学的理論を使いこなせる超簡単エクセル術

●「相関関係」ってなんだ？

前項に続き、エクセルを使った定量化のお話をしましょう。誰でもできて、かつ相手に「なるほど」と言わせる数字がサクッとつくれる技術をご紹介します。

ただ、その前にここで「相関関係」という言葉だけ定義をさせてください。

正の相関関係：片方が増えれば増えるほど、もう片方も増える関係
負の相関関係：片方が増えれば増えるほど、もう片方は減る関係

抽象的なのでシンプルな例を挙げましょう。

一般的には、紫外線の量が増えれば増えるほど、「日焼け止め」や「日傘」の売上は増えるでしょう。逆に気温が高くなればなるほど、ホットコーヒーの売上はおそらく減るでしょう。前者を正の相関関係があると言い、後者を負の相関関係があると言います。準備が整いました。それではさっそくですがこのようなケースを考えてみましょう。考え方と使い方をお伝えすることが目的なので、誰でもイメージできるシンプルな例にしましょう。

●アンケート結果をどう分析するか

誰しも経験があると思いますが、何かセミナーに参加すると最後に評価アンケートに答えることがあるでしょう。あの回答内容は、その後いったいどのように分析されているのでしょうか。

［ケース］
あなたはあるセミナーの主催者です。
参加者10名に対して行った事後アンケートの結果を集計したものが次のデータです（アンケートは5段階評価。最高点が5です）（図表1－12）。
このデータから、「内容」「テキスト」「講師」のどの質を高めることが総合的な満足度を高

図表1-12　アンケートの結果

総合的な満足度	セミナーの内容	テキスト	講師
4	3	4	3
3	4	4	3
5	5	4	4
5	4	3	5
5	4	3	5
3	3	4	3
2	3	4	2
4	4	5	4
4	4	5	4
3	4	3	3

めることにつながると推測しますか。

もちろん「ぜんぶ」というのが正解なのかもしれませんが、ビジネスにおいては優先順位を決めて施策を行っていくことがほとんどです。このケースにおいても、できれば数字で優先順位をつけたいところです。

ここで多くの方がまずする行為が、エクセルの機能を使って「降順・昇順」にデータを並べ替えてみることです。なるほど、総合的な満足度の「高い・低い」と、似た傾向のある評価項目がどれかを探そうとしているのでしょう。

言い換えれば、総合的な満足度と相関関係があるのはどれかを探すということです。

たとえば「テキスト」でよい評価をしている人ほど総合評価も高いという事実がもしあったなら、セミナー主催者としてはテキストの質をさらに高めるようディレクションしていくことで、セミナーの総合的な満足度を高めることができると考えるかもしれません。

アプローチ自体は悪くありません。ただ、そのエクセルの操作だけではいつまでも考えながら数字の羅列を眺め続けなければなりませんし、何か傾向が見つけられたとしても、それを第三者にわかりやすく説明するには骨が折れそうです。

●何も考えず、まずはグラフ化せよ

そこで、簡単に相関関係の有無を見つける方法が2つあるのでご紹介します。

①まずは散布図をつくってしまう
②相関係数を算出してみる

まず①についてですが、要するにサッサとグラフにしてしまうということです。拍子抜けするほど簡単なことですね。

ここでは「総合的な満足度」と「セミナー内容」「テキスト」「講師」それぞれの相関関係について探るので、次の3つのグラフをつくればよいでしょう。このようなグラフを「散布図」

図表1-13　「セミナー内容」と「総合的な満足度」の相関関係

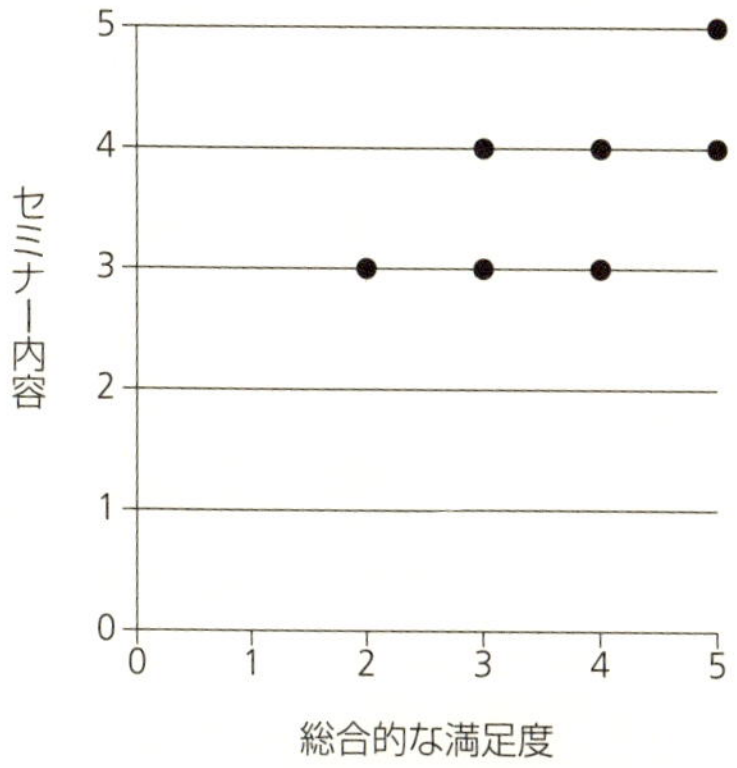

なんとなく正の相関関係あり

と言います。散布図はエクセルのグラフ機能に備わっていますので、誰でも簡単につくることができます。

ご覧のとおり、「セミナー内容」とはわずかながら正の相関関係がありそうです（図表1-13）。そして「講師」に関しては強い正の相関関係が見てとれます（図表1-15）。一方、「テキスト」についてはデータの分布に傾向がなく、相関関係はあまりないと考えられます（図表1-14）。

このようにグラフ化するだけで、「講師」に満足した人ほど、総合評価も高い点数をつけているという事実を把握することができました。

●何も考えず、相関係数を計算せよ

続いて②の相関係数を計算する手法についてもご説明しましょう。相関係数とは相関関係の

図表1-14　「テキスト」と「総合的な満足度」の相関関係

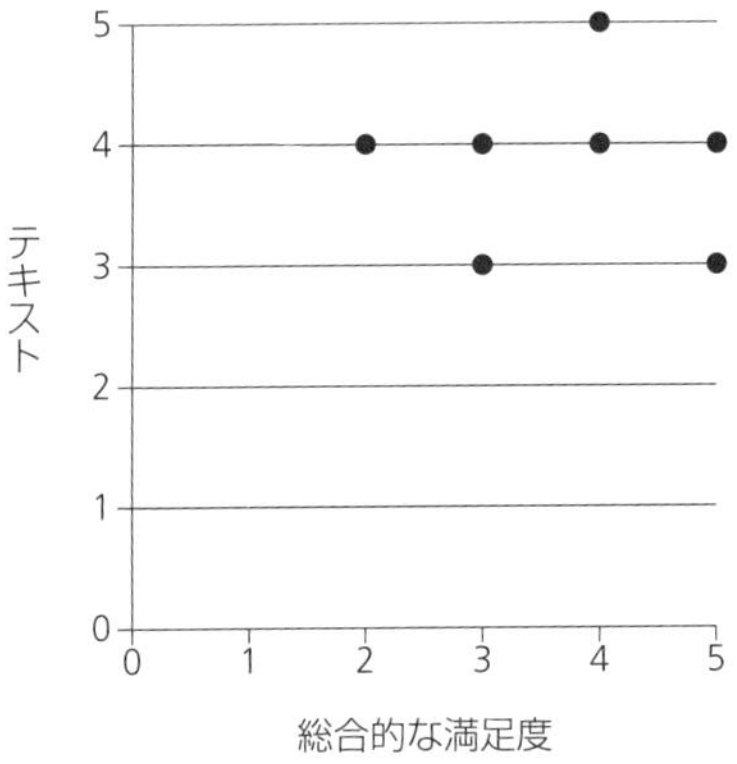

ほとんど相関関係はない

図表1-15　「講師」と「総合的な満足度」の相関関係

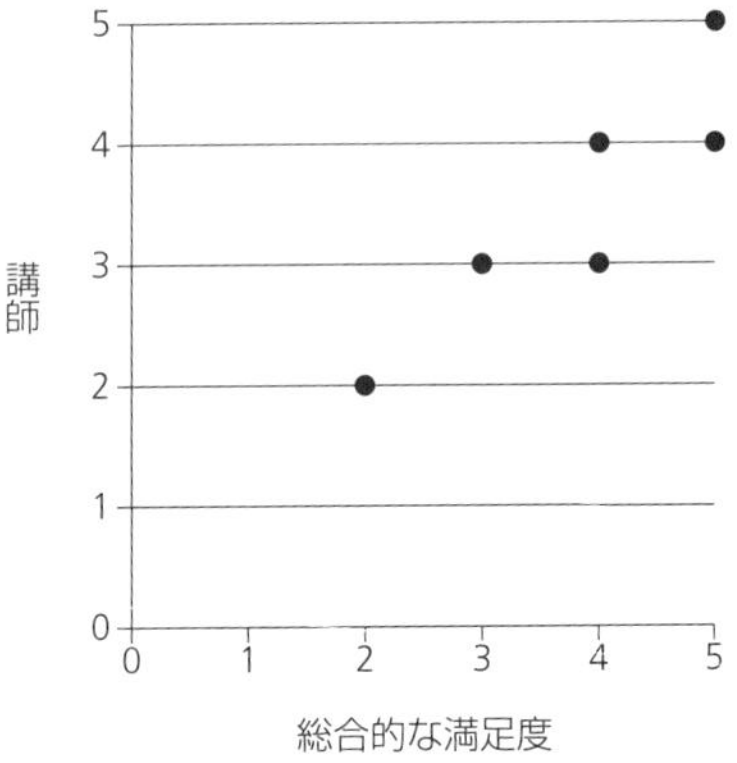

強い正の相関関係がある

有無（言い換えれば強弱）を数学的理論により計算し、1つの数字で表現しているものです。

その理論についてはここでは説明を省きます。それほど難しいものではないので、ご興味がある方は専門書で確認してみてください。いずれにせよ、たった1つの数字で相関関係の有無を表現できるわけですから第三者への説明もラクですし、ビジネスにおいて強力な武器になってくれるものです。

［相関係数］

・必ず−1から+1の間の値になる
・−1に近い数値であればあるほど、負の相関が強いと判断できる
・+1に近い数値であればあるほど、正の相関が強いと判断できる
・エクセルにおいては、関数CORREL（配列1、配列2）で計算できる

実際にやってみましょう。

先ほどのアンケート集計結果のデータをそのまま使います。

まず、「総合的な満足度」と「セミナー内容」の相関係数を計算します。

エクセルのセルに=CORREL（配列1、配列2）を入力します。配列1は「総合的な満足

度」の10個のデータをすべて選択し、配列2は「セミナー内容」の10個のデータをすべて選択してください。すると、エクセルが関数の指示に従って相関係数を数学的に算出してくれます。

0・61

これが計算結果になります。この数字が教えてくれるのは、「そこそこの相関関係がありますよ」ということです。
あとは「テキスト」と「講師」についても同様に計算してみましょう。

●相関係数とその解釈

・「総合的な満足度」と「セミナーの内容」↓0・61　そこそこの正の相関関係
・「総合的な満足度」と「テキスト」↓マイナス0・17　わずかに負の相関関係
・「総合的な満足度」と「講師」↓0・91　かなり強い正の相関関係

主催者は、選定する講師のキャラクターやパフォーマンスがセミナーの満足度に大きく寄与する可能性を把握できました。これは今後のセミナー事業の精度を高め、そしていまよりもっとお客様に満足していただくために極めて重要な情報になることでしょう。

そして、この相関係数による分析は先ほどのグラフ化して分析した結果と同じ結論です。このように1つの数字で表現してくれれば比較もしやすく、第三者に「なるほど」と言わせやすいですね。

●数学的理論を使うたった1つの目的

いかがでしたでしょうか。普段から何らかの形でエクセルを使っている方なら、明日からすぐにできる仕事術だと思います。

文系出身のあなたでも、かつて数学が苦手だったあなたでも、数学的理論を使って仕事をすることができるんです。エクセルって本当に便利ですね。

本項のケースについてはもっと専門的な数値分析の知識をお持ちの方なら、高度な数学的理論に基づいて「満足度を高めるための公式」のようなものを導くこともできなくはないでしょう。

ただ、仮にそのような手法をあなたがご存じだとしても、ビジネスシーンでは1つ問題が起こります。それは、相手が理解できない難解な理論で説明しても、その相手は「なるほど」とは思ってくれないということです。

私たちビジネスパーソンの仕事は、数学的理論を学ぶことでもなければ、それを使うことでもありません。相手に「なるほど」と言わせることです。

ですから、「なるほど」が生まれにくい定量化スキルは、たとえ知っていても実際には使えません。これはいわゆる理系出身者がよくしてしまう間違いです。

あなたの自己満足のために数学的理論を使うのはやめてください。

相手を「なるほど」と安心させるために数学的理論は使ってください。

本書をお読みの皆さんのほとんどが、研究者や分析の専門家ではないはずです。使わない（使う必要のない）ものを持っていても仕事には役立ちません。確実に使えるものを使うべきときに使う。まずはご紹介した基本をいつでも使いこなせるビジネスパーソンになりましょう。

「気温が高いほどアイスクリームは売れる」は本当か

●このグラフから何が言えるか

最近は、冬の暖かい室内で食べるアイスクリームが人気だそうですが、アイスクリームの本番はやはり夏。そこでこの項では、アイスクリームの売れ行きをテーマに使い、誰でもできてかつ相手に「なるほど」と言わせる数字がつくれる技術をご紹介します。

図表1-16　気温とアイスクリームの平均販売数量の関係

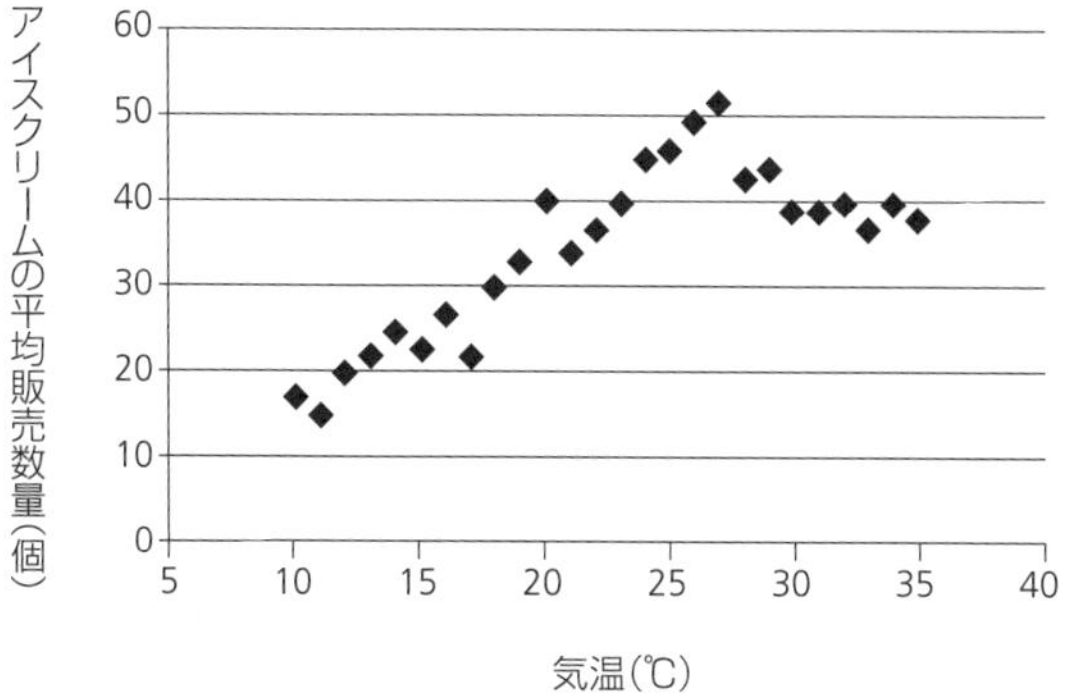

エクセルを使った定量化のお話もいよいよこの項が最後。ぜひ楽しみながら読み進めてください。

［問題］

上のグラフ（図表1-16）は、昨年度の日中気温とあるスーパーマーケットのアイスクリームの平均販売数量の関係を表しています。

たとえば昨年度の日中の気温が10℃だった日のアイスクリームの販売数量は平均でおよそ17個だったと読み解きます。

さて、このデータからどんなことが言えるか、分析してください。

●まずは傾向を掴もう

まず気づくのは、気温が上がれば上がるほど、アイスクリームの販売数量も増えているという事実です。これは直感的にも納得できる傾向ですね。

ただ、分析結果が「気温が高いほどアイスクリームも売れます」だけだと、なんだか切れ味がないですね。ある意味では小学生でもわかることを述べたに過ぎません。

データの推移をよく見ていただくと、28℃あたりから数量の上昇が突然止まっていることにお気づきでしょうか。以降、35℃までのデータは40個前後で推移しています。これはいったいどう解釈すればよいのでしょう。

「気温が高いほどアイスクリームも売れます」は正しい分析なのでしょうか。

TVのあるバラエティ番組で紹介されていた事実なのですが、実はアイスクリームというものは気温が高くなりすぎると売れなくなる傾向があるそうです。

なんだか不思議な気もしますが、私はその理由を聞いて合点しました。

ある気温を超えると、アイスクリームではなくかき氷が売れる。

なるほど。たしかに私も30℃を超える暑い日は、アイスクリームよりもかき氷、いやむしろ清涼飲料水を買ってしまうかもしれません。ということで、傾向を分析する際はここを分けて考えたほうがよさそうです。

①10℃から27℃くらいまでは強い正の相関関係がある

②それより気温が高くなると、数量は平均40個くらいで一定

「相関関係」については前項で解説しておりますのでご参照ください。

●簡単！ 使える！ 単回帰分析

さて、分析はこれで終えても大丈夫でしょうか。①と②だけだと、なんだか物足りない気がするのは私だけでしょうか。述べていることも、ある意味では中学生でもわかることに過ぎません。

そこで、エクセルのチカラを借りて、ちょっとカッコつけたこと（？）をしてみましょう。すなわち、①の強い正の相関関係を数学的理論で数式化してしまい、今年の販売数量の予測にも使えるようにしてしまおうということです。これを単回帰分析と呼びます。

具体的には、10℃から27℃までの相関関係を1本の直線で表現し、その直線を数学的に数式で表現するということです。中学校時代の数学の授業でも、直線を「$y=ax+b$」といった形の式で表現しましたよね。あれと同じことです。

なんだか急に難しい話が始まるように感じるかもしれませんが、ご安心ください。あなたにも必ずご理解いただき、そして使えるようになります。

論より証拠、ということでやってみましょう。エクセルの機能を使えば、簡単にその直線と数式をつくることができます。

次の①〜⑤のプロセスを作業マニュアルとして、ぜひご自身でもやってみてください。前項のようなグラフにおいて以下の通りに作業を進めれば、おそらく1分もかからず終わるはずです。

［誰でも簡単にできる、単回帰分析］

①どれでも良いのでグラフの中のポイントを選択し、右クリック

↓

②「近似曲線を追加」を選択

↓

③「近似または回帰の種類」において「線形近似」を選択

↓

④以下のチェックボックスにチェックを入れる

☑グラフに数式を表示する

↓

図表1-17　気温とアイスクリームの平均販売数量の関係

（10℃から27℃）

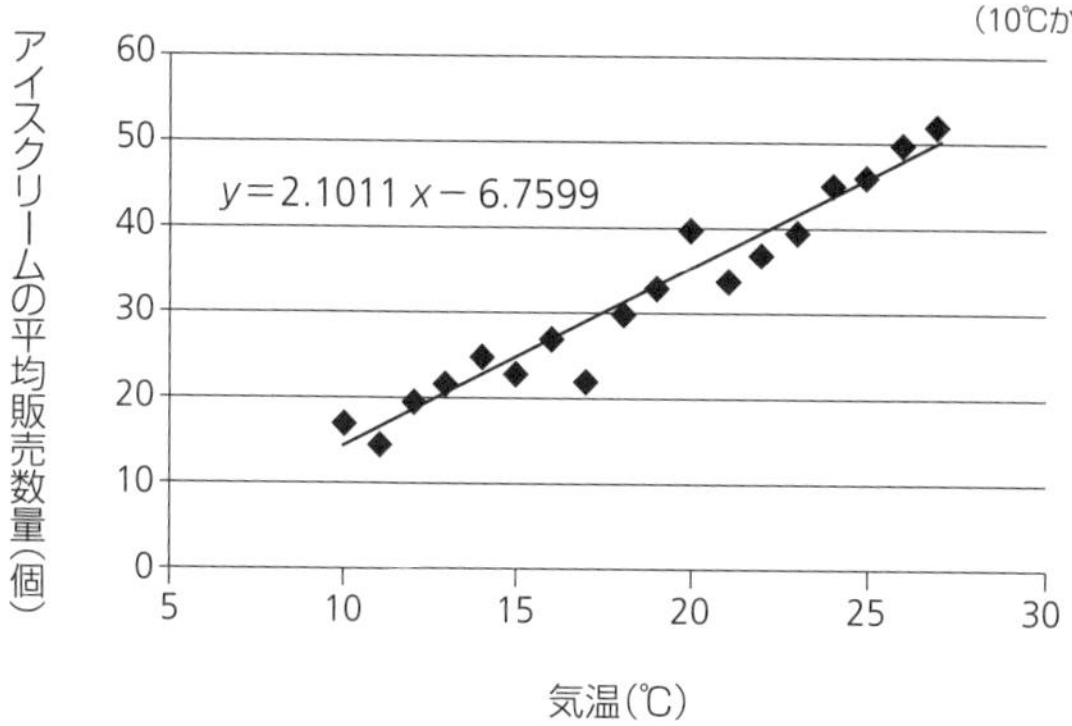

⑤「閉じる」をクリックすると、直線とその式が示される

ご覧のように、グラフの中に1本の直線と数式が表記されました（図表1-17）。この直線が、データの相関関係を表現してくれる代表的な直線なのです。

$y = 2.1011\,x - 6.7599$

（x：気温　y：平均販売数量）

「こんな式をつくっていったいなんの役に立つの？」と思われるかもしれませんが、ここからが大切です。

端的に言えば、この数式を使うことで今年の販売数量を予測することができるのです。

●単回帰分析の使い方

たとえば気温が15℃の日はアイスクリームが何個売れるかを予測します。横軸であるxに15という数字を当てはめ、そのまま計算してみましょう。

$$y = 2.1011 \times 15 - 6.7599 = 24.7……$$

つまり、気温15℃の日はおよそ25個売れると予測できます。同様に考えれば、気温が25℃の日は、

$$y = 2.1011 \times 25 - 6.7599 = 45.7……$$

およそ46個売れるという理論値が得られるのです。

このような数字があれば、入荷担当者は気温の上昇に応じて発注数をコントロールすることができます。週間天気予報の気温上昇に注目し、日々の発注数を計画するといった細かい仕事も可能でしょう。

そして（これが大事なのですが）、その数量を発注するにあたりこの単回帰分析の数式が説

明ロジックにもなるのです。たしかにグラフを見せれば相関関係があることは伝わる。つまり、一定の「なるほど」は生まれます。

しかし、あなたはもう一歩踏み込んで未来の予測値も算出し、上司や意思決定者に「なるほど」と言わせる数字をつくりましょう。

単回帰分析は、それを可能にする極めて強力な武器なのです。

前項でもまったく同じことを申し上げましたが、文系出身のあなたでも、かつて数学が苦手だったあなたでも、実は数学的理論を使って仕事をすることができるのです。エクセルって本当に便利ですね。

●言葉がなければ、コミュニケーションはできない

この章では、「定量化」をテーマに様々なエッセンスをお伝えしてきました。実は、「数学的コミュニケーション入門」というタイトルにもかかわらず、いわゆるコミュニケーションの話から入らないのには理由がありました。

コミュニケーションするためにはまずそのための言葉がないといけません。その言葉とはもちろん「数字」です。でも、多くの方がその言葉をつくることが苦手です。だから、数字でコミュニケーションができないのです。

数学的コミュニケーションを身につけるための第一歩は、アナウンサーのように滑らかに話すことでもなければ魅力的なプレゼン資料をつくることでもありません。**伝えるための数字を自分でつくれるようになること**です。

焦る必要はありません。少しずつでいいと思います。せっかく本書をお読みいただいているのですから、まずは第一歩を踏み出しましょう。

第2章　グラフの使い方
——資料を「一目瞭然」にする技術

1　いまさら聞けないグラフの超基本

「何グラフを使えばいいのかわからない！」

●みんな悩んでいる

研修やセミナーをしていると、休憩時間に参加者の皆様から質問されることがあります。そんな質問の中で最も多いのが、実はこのテーマです。

「何グラフを使ったらよいか、いつも悩むんですよね」

なるほど。たしかに会議資料やプレゼン資料などでグラフを使うことは多々あります。グラフのチョイスだけで、見栄えや伝わりやすさが変わるのは事実でしょう。

そこで、第2章では、「グラフ」をテーマにお話をしていくことにします。

いまさら聞けないキホンから、誰でも明日からできるちょっとしたテクニックまで、しっかり押さえていきましょう。

●「伝えたいこと」は決まっているか

先ほどご紹介した質問内容をもう一度。

「何グラフを使ったらよいか、いつも悩むんですよね」

私は研修の現場でこの質問をされると、必ずこのように質問し返すことにしています。

「というより、まずはグラフを見せる相手に何を伝えたいのですか？」

決して口喧嘩をしているわけではありません（笑）。本質を理解してもらうための大切な質問なのです。ここで私の言う「本質」とは、何を伝えたいのかが決まっていなければ使うグラフも決まらないということです。

そもそも、グラフとは何か伝えたいことがあって、それを伝わりやすくするために使う（見せる）ものです。ですから、グラフを使う局面では必ず「伝えたいこと」がなければウソなのです。

ところが、この私の質問に対して「え？」という反応をされる方がとても多いのです。グラフを使う目的がなく、ただ単にどんなグラフを使えば見栄えの良い資料になるか、といった視点しかないのです。これではいけません。

いくら流暢に話ができる人でも、何を言うのか決めないまますするスピーチは、結局何が言いたかったのかよくわからないスピーチになりがち。それと同じことです。

●それぞれのグラフにそれぞれの役割

たとえば次のデータをご覧ください（図表2-1）。ある書籍の書店別・月別の販売点数だとしましょう。なお、この書籍はある年の1月末発売だったとします。

ここで、「このデータを何グラフにしたらよいかわからない……」と感じてしまう方は、先ほどご説明した「本質」を思い出してください。

あなたが最初にするべきことは、このデータを通じて何を伝えたいかを決めることです。

たとえば次のようなケースが考えられます。

[伝えたいこと]	[一言で言うと]	[使うグラフ]
どの書店で売れているか	大小比較	棒グラフ

図表2-1　ある書籍の書店別・月別の販売点数

書店名	累計	1カ月目	2カ月目	3カ月目	4カ月目	5カ月目	6カ月目
合計	1,028	2	417	287	153	96	73
Amazon.com	354		120	89	70	40	35
三省堂書店神保町本店	83		35	35	8	2	3
三省堂書店名古屋髙島屋店	73		34	25	9	3	2
丸善日本橋店	72		12	20	19	12	9
三省堂書店池袋本店	59		51	6	1		1
楽天ブックス	47		22	8	7	5	5
紀伊國屋書店新宿南店	40		19	7	9	5	
ビーケーワン	38		20	13	1	2	2
ジュンク堂書店池袋本店	35		11	8	4	7	5
有隣堂ヨドバシAKIBA店	33		13	11	3	5	1
三省堂書店東京駅一番街店	33		16	10	3	2	2
ブックファースト新宿店	24		10	4	4	5	1
紀伊國屋書店新宿本店	23		10	7	1	2	3
文教堂書店浜松町店	22		9	11	1		1
紀伊國屋書店梅田本店	21		8	9	2	2	
八重洲ブックセンター本店	20		7	10	1	2	
丸善丸の内本店	16	1	8	3	4		
丸善ラゾーナ川崎店	13	1	4	5	2	1	
ブックファーストレミィ五反田店	13		5	3	2	1	2
有隣堂アトレ恵比寿店	9		3	3	2		1

1カ月ごとの販売数の変化　推移　折れ線グラフ
発売から2カ月目の数字が最も多くを占める　シェア　円グラフ

私たちは複数の数字を比較して大小を表現したいときに棒グラフを使います。増えた、減った、アップダウンが激しい、といった推移や変化を表現したいときに折れ線グラフを使います。シェア（割合）を表現したいときに円グラフを使います。

要するに、私たちが何気なく使っている棒グラフ、折れ線グラフ、円グラフにも、きちんとした機能と役割があるということです。

このデータを使って、実際にエクセルで基本のグラフ3種類をつくってみました（図表2－2・3・4）。小学生や中学生でも理解できる、わかりやすいものになりましたね。

●「なんとなく」つくったグラフは伝わらない

もし、キホンを無視してとりあえず（なんとなく）グラフにしてしまうと、たとえば図表2－5のようなグラフをつくってしまったりします。

いったい何を伝えたいのか、よくわからないグラフですね。

図表2-2　書店別販売数量の比較

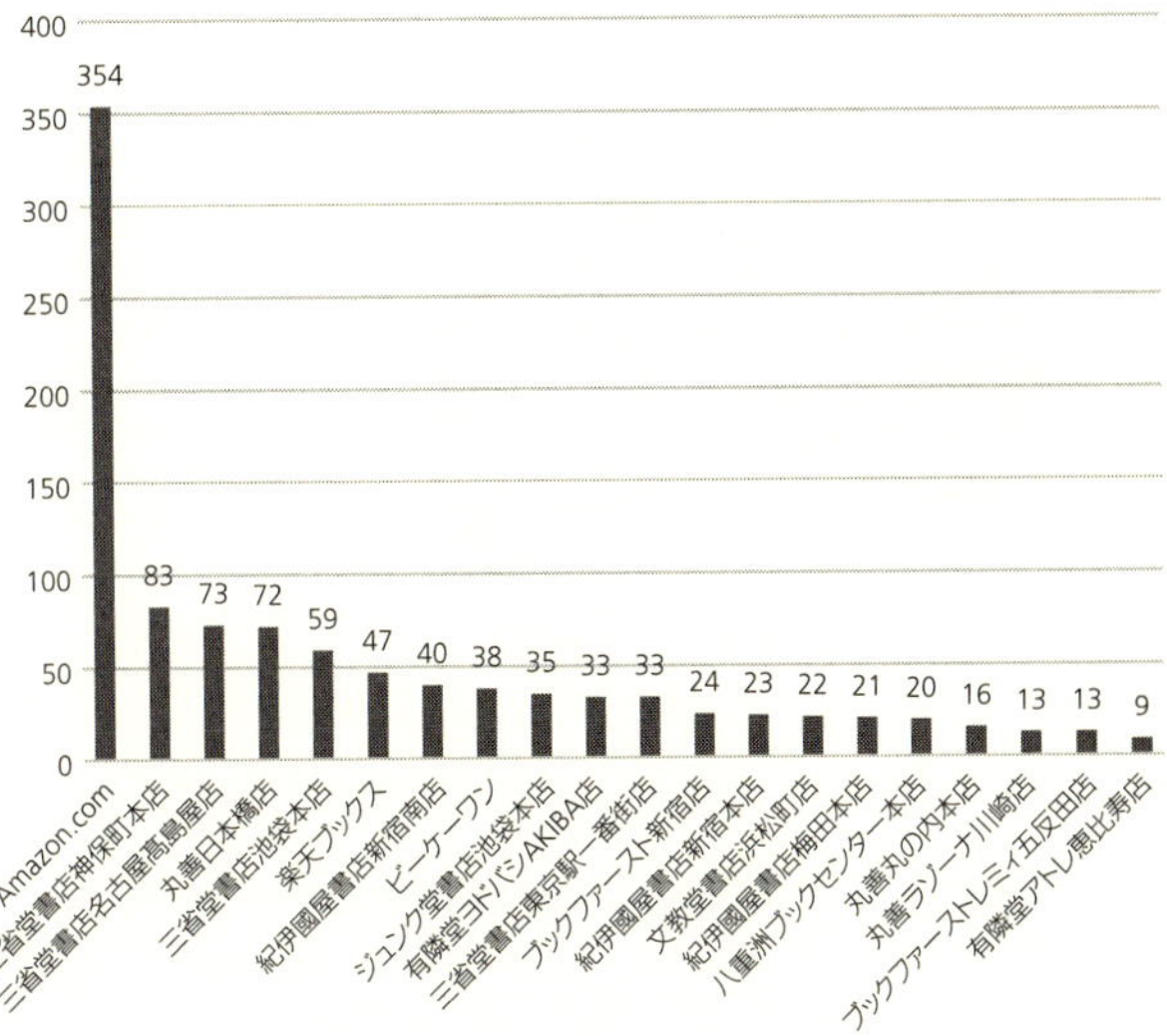

図表2-3　月別販売数量の推移

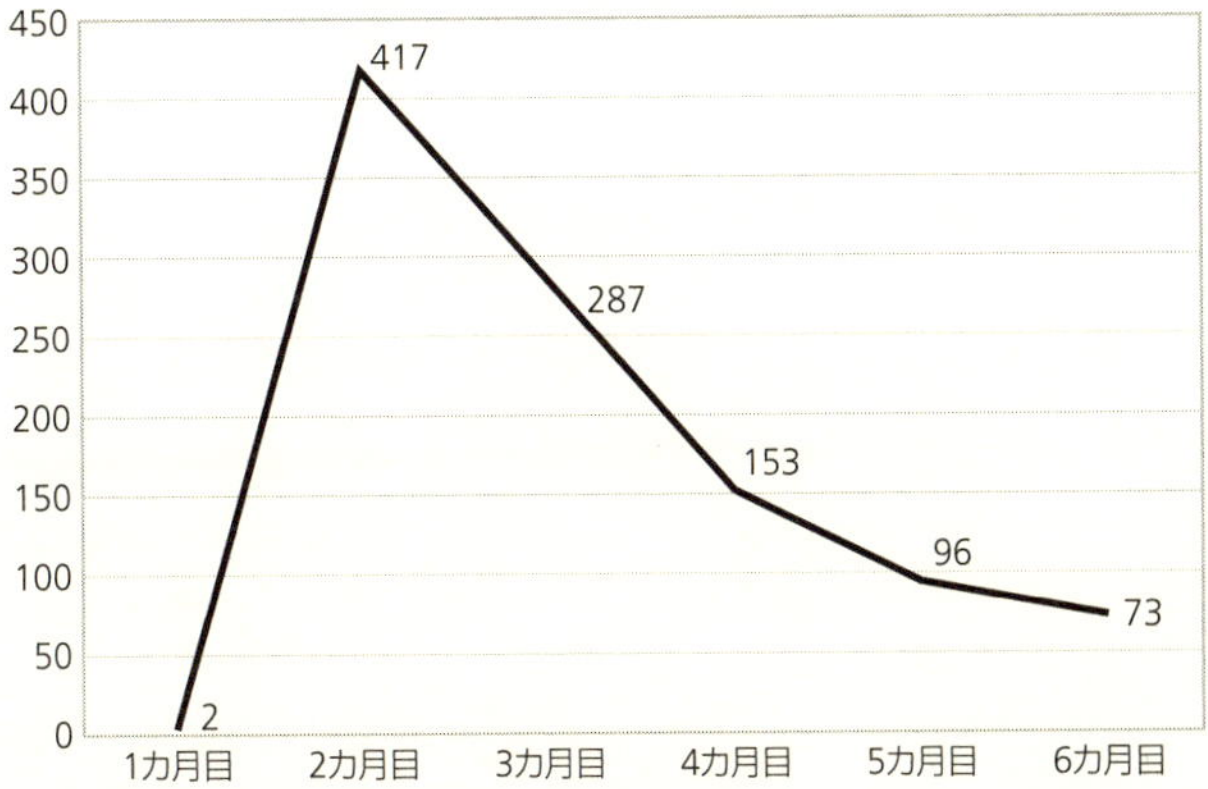

図表2-4　月別販売数量のシェア

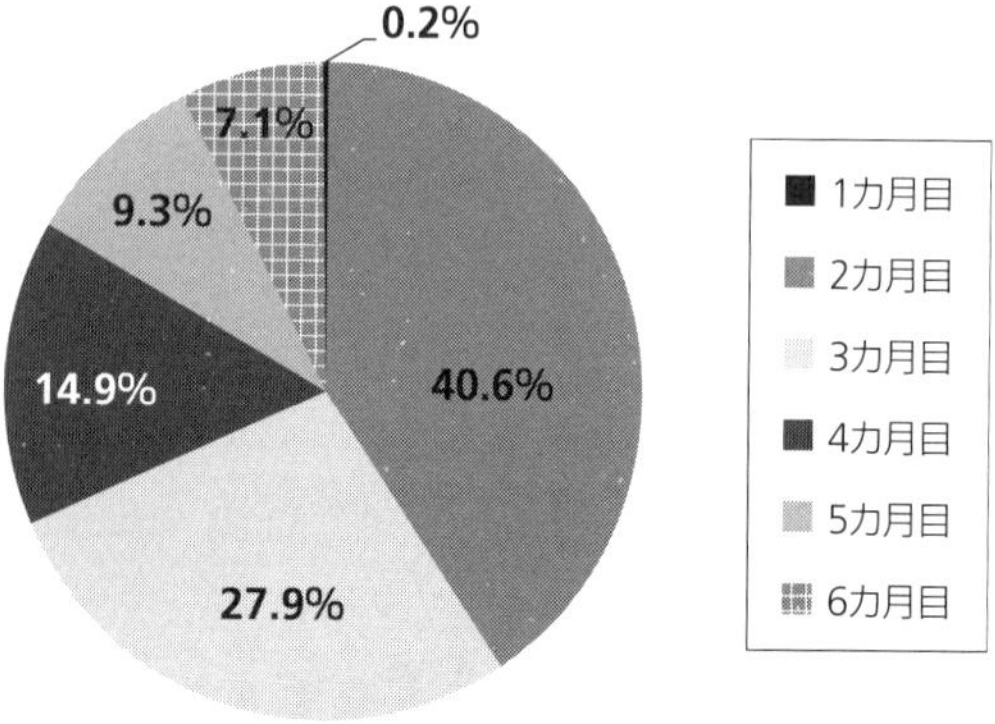

図表2-5　何を伝えたいのかわからないグラフの例

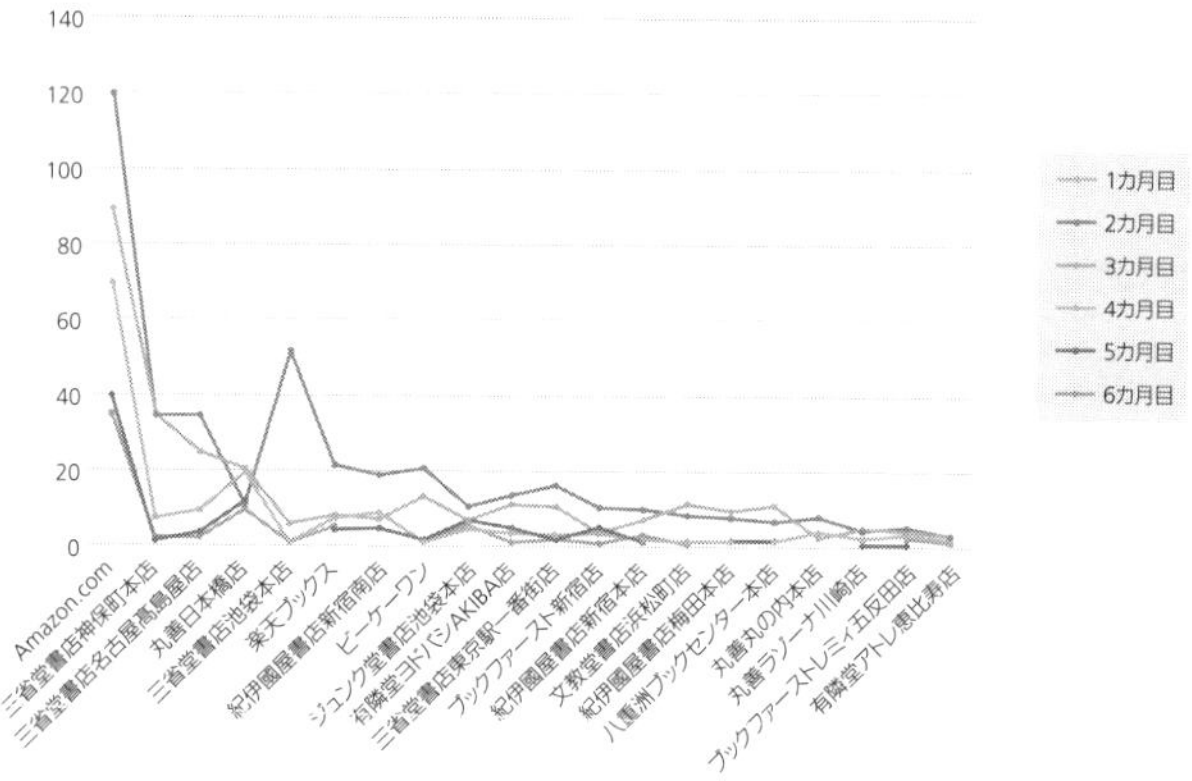

そろそろまとめましょう。

・何を伝えたいのかを先に決める。
・棒グラフ・折れ線グラフ・円グラフの役割を知る。

これまでグラフを使ったことがないという読者の方はほとんどいないでしょう。おそらく、学生時代のレポートなどで、気づいたらもう当たり前のように使っていたはずです。

だからこそ、なんとなく自己流で使ってしまいがち。いまさら聞けないキホンを確認し、重要な会議やプレゼンの場で恥ずかしい思いをしないようにしておきましょう。

そのグラフに「メッセージ」はあるか

●グラフにメッセージを込めるとは?

続いてのポイントは「メッセージを込める」です。

先ほどもお伝えしたように、グラフをつくるときのポイントは、「あなたが何を伝えたいか」です。決して「見栄えがカッコイイかどうか」ではありません。換言すれば、あなたがそのグラフにどんなメッセージを込めるかが重要ということです。

図表2-6　書店別販売数量の比較

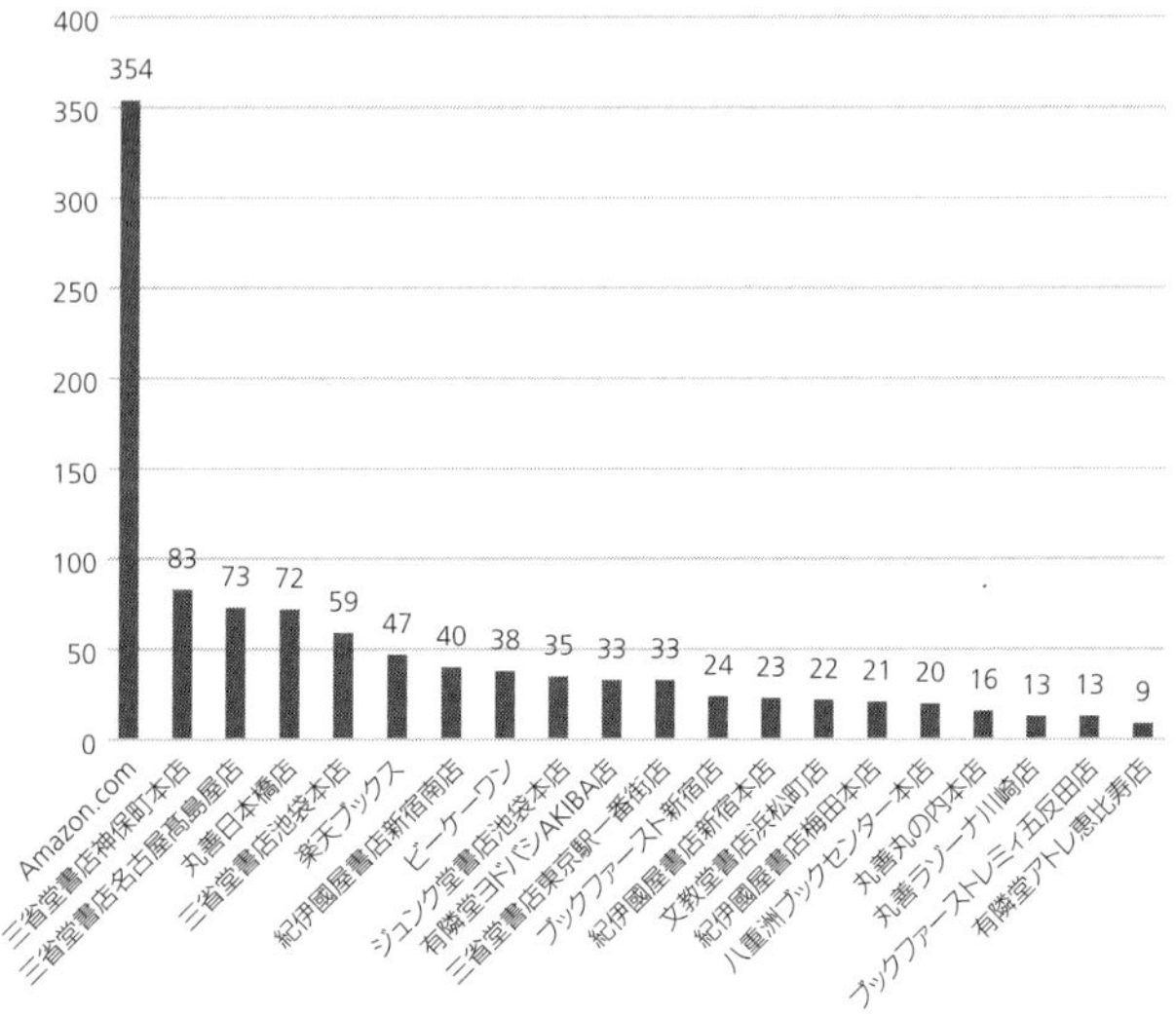

そこで、メッセージを込めるとはどういうことか、先ほど作成した書籍販売点数データに関する3つのキホンのグラフをそのまま使い、メッセージを込める作業をしてみたいと思います。

●「3冊に1冊はAmazon.comで売れている」と伝える場合

まずは書店別の販売点数を比較した棒グラフ（図表2-6）。

たしかにこのグラフでも事実は正確に伝えています。しかし、何が言いたいグラフなのか、作成側の意図が伝わってきません。

たとえば伝えたいのが「上位20位のう

図表2-7　Amazon.comとリアル書店販売数量の比較

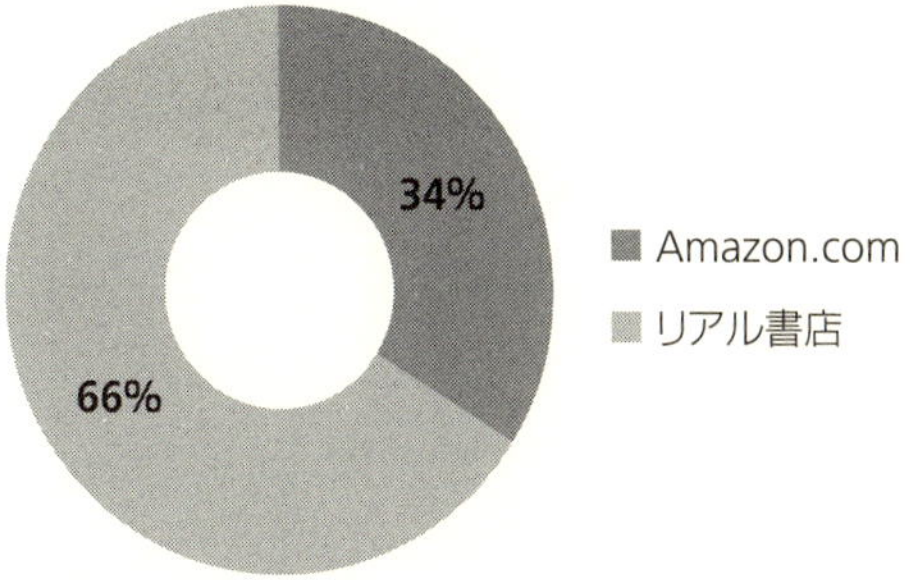

ち、Amazon.comだけで34%を占める」というメッセージなのであれば、それが一目で伝わるようなグラフにしましょう。

この場合、図表2-7のようなグラフにし、「ご覧の通り3冊に1冊はAmazon.comで売れています」と解説することができます。

●余計な情報はカットする

続いて次のグラフです（図表2-8）。こちらも先ほど作成した販売数量の月別推移です。

ここで問題にしたいのは、1カ月めの販売点数「2」はこのグラフに入れる必要があるかということです。元のデータをご覧いただければおわかりのように、この書籍は1月末に発売されたため、1カ月めに「2」という極めて小さいデータが存在します。

図表2-8　月別販売数量の推移

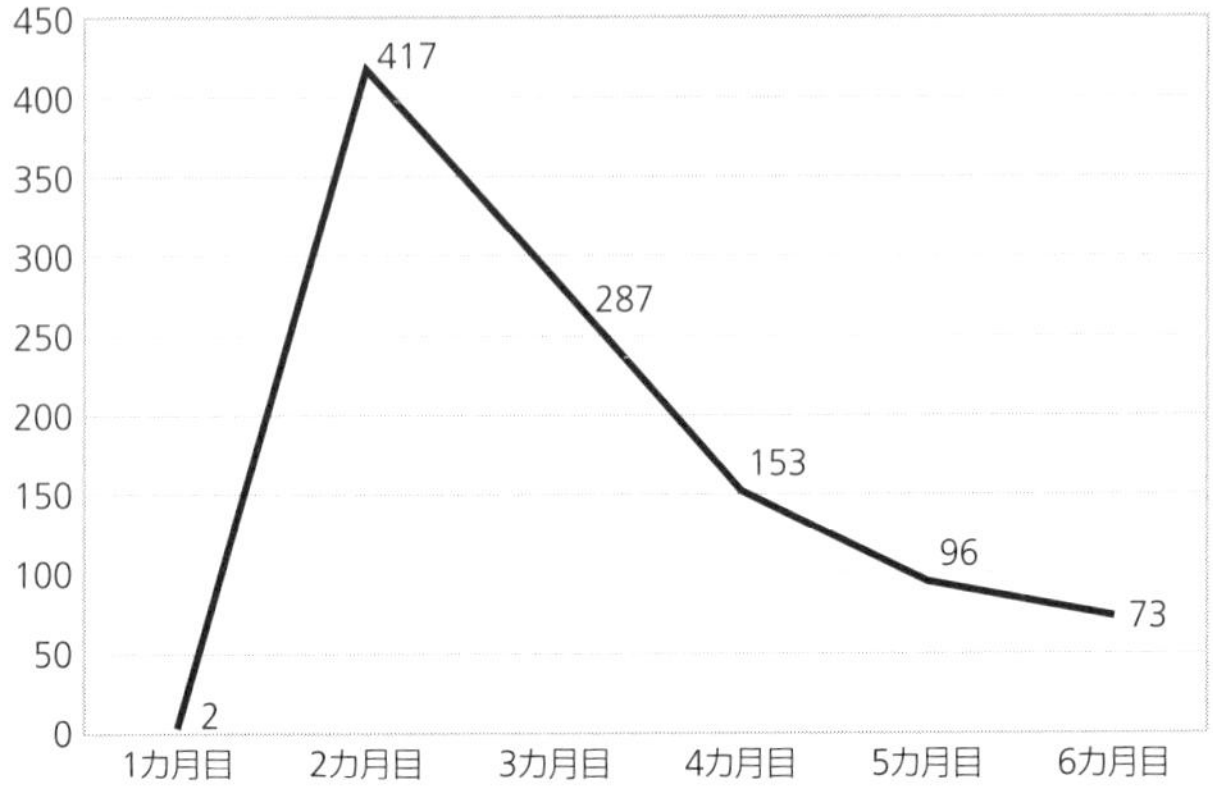

図表2-9　月別販売数量の推移

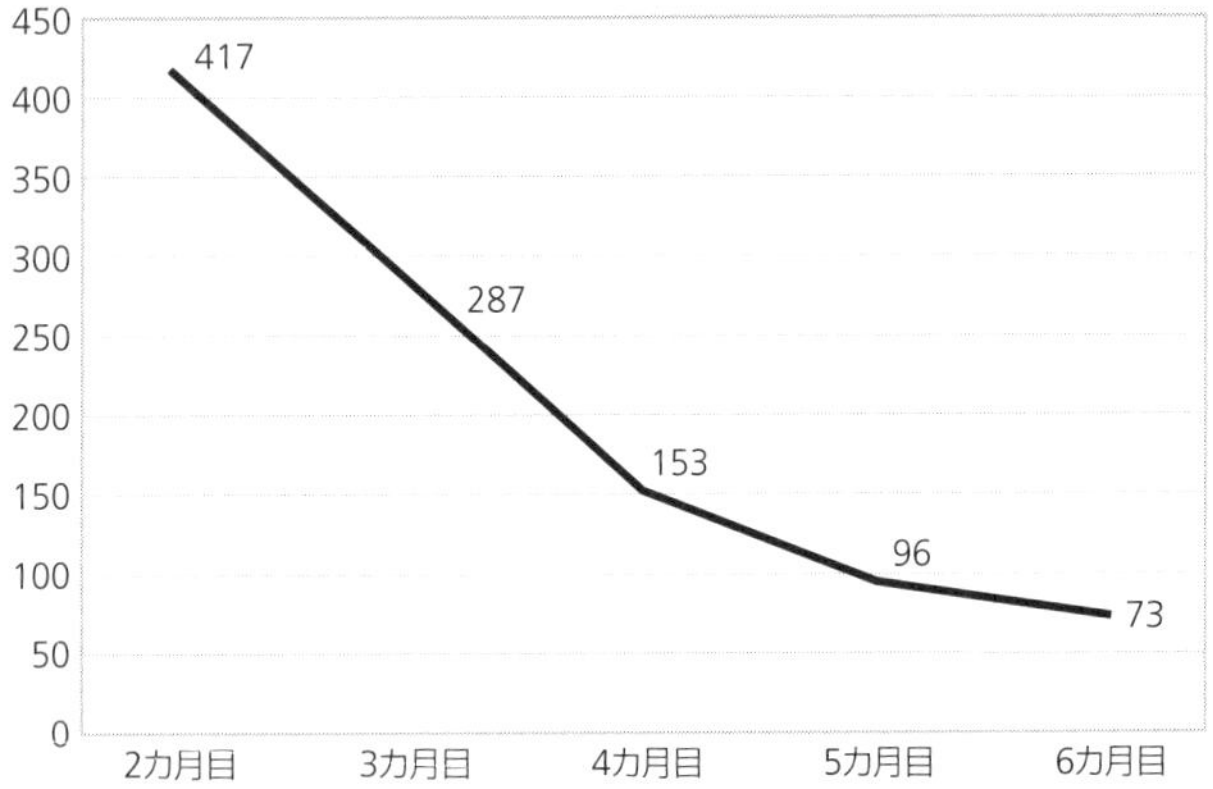

※1カ月目のデータは除外（月末発売のため）

図表2-10　月別販売数量のシェア

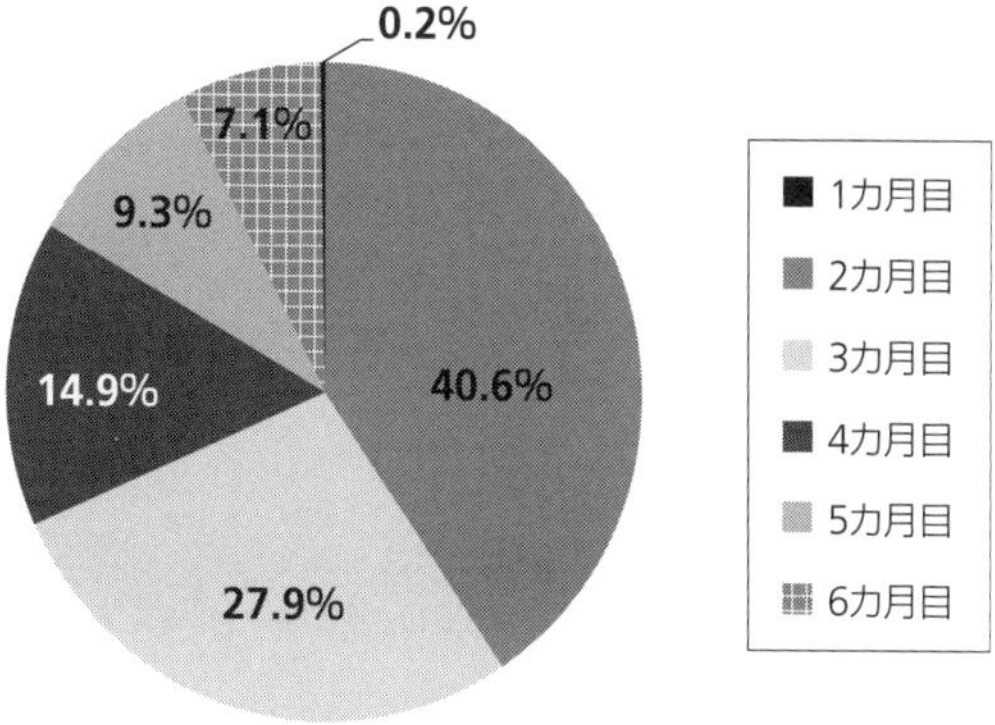

しかし、もしここで相手に伝えたいメッセージが「書籍という商品は〝初速〟が大切です」ということであれば、1カ月めのデータは見せる必要はないと考えます。

余計な情報をカットして伝えれば、誰が見てもあなたが伝えたいメッセージをキャッチできるでしょう（図表2－9）。

●グラフの情報と口頭の説明内容を一致させる

さらに、もう1つ作成していた円グラフも、少し手を加えてみましょう（図表2－10）。

ここでも、相手に伝えたいメッセージは「書籍という商品は〝初速〟が大切です」だとします。

このままの円グラフでもそれは十分伝わると思うかもしれませんが、それは伝える側の思い込みです。いきなりこのグラフをパッと見せられたら、数的感覚の

図表2-11　販売数量シェア：発売から2カ月間

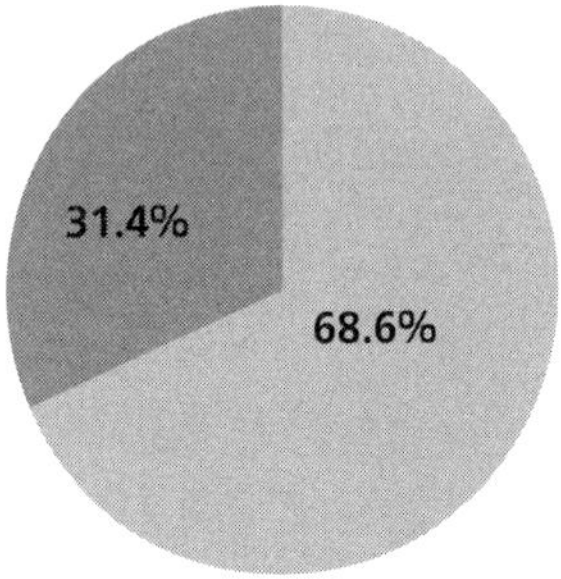

※1カ月目のデータは除外（月末発売のため）

強い人ほど、1カ月めの0・2％という小さい数字に疑問を感じ、注目してしまうかもしれません。

もし私なら、1カ月目の数字は除外して2カ月目の数字を「実質的な1カ月目の数字」と定義し、図表2-11のようなグラフにしてプレゼンテーションします。

「ご覧の通り、発売から2カ月でおよそ7割を占めます。やはり、書籍という商品は〝初速〟が極めて重要ですね」という説明もできます。グラフの情報とプレゼンターの説明内容が一致しているので、聴き手にとってとてもわかりやすい説明になるはずです。

- **伝えたいメッセージをグラフに込める。**
- **グラフの情報と口頭の説明内容が一致しているプレゼンを目指す。**

この「ひと手間」ができない人などおそらくいません。

でも、していないビジネスパーソンは少なくないように思います。

プレゼン上手な人ほど、基本的な「ひと手間」を惜しみません。面倒くさがらず、しっかりやりたいものですね。

資料に「わかりやすさ」をプラスするグラフ3選

●意外と使っていないグラフ

あなたも会議やプレゼンで棒グラフ・折れ線グラフ・円グラフをよく使いますよね。しかしそれ以外に、存在は知っているのに意外と使わないグラフがいくつかあります。エクセルで簡単につくれるのに、なんだかもったいないなと思います。

そこで、そんなグラフを3つほどご紹介します。あなたのつくる資料にわかりやすさが加わること間違いなしです。

●2つの関係性を示したいときは「散布図」を

第1章でもご紹介しましたが、たとえばあなたが「気温」と「アイスクリームの販売数」の関係を説明したいときは、図表2-12のようなグラフを見せれば傾向が一目瞭然で伝わることでしょう。

図表2-12　気温とアイスクリームの平均販売数量の関係

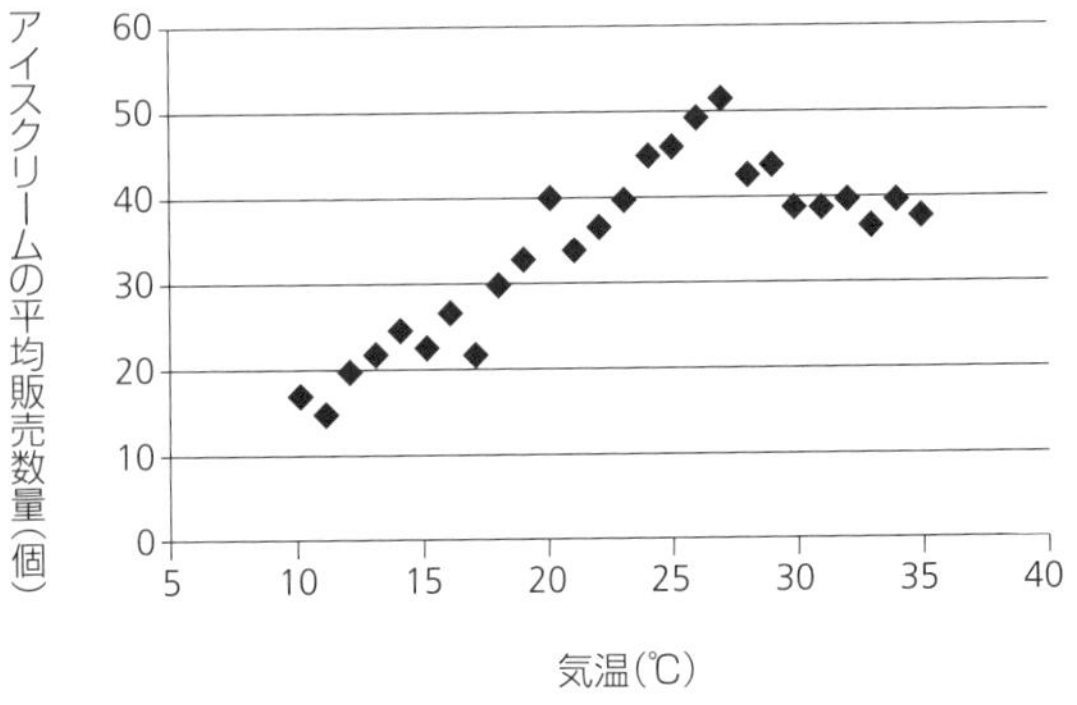

「表」の状態で数字の羅列を見せられるよりずっとわかりやすいですね。

67ページの相関関係の項でも登場しましたが、このようなグラフを「散布図」と呼びます。文字通り、散らばり・分布を表現したいときに使うグラフですが、2種類のデータ関係を表現するのに威力を発揮します。

たとえば「残業時間が短い人ほど、実は営業成績が良い」といった事実を端的に表現したいときなどは、まさにこの散布図が最適でしょう。

●「バブルチャート」で3つのデータを一度に見せる

続いて「バブルチャート」もご紹介しておきましょう。

先ほどの散布図は2種類のデータの関係を表現するものでしたが、3種類のときにも同様の表現方法があるとありがたいですよね。

図表2-13　人気俳優のデータ

	主演ドラマ本数	CM出演本数	主演ドラマ平均視聴率
大野	8	12	17.0%
松本	10	19	10.0%
櫻井	5	14	9.0%
相葉	2	20	5.0%
二宮	4	6	15.0%

たとえばこんなデータがあったとします。ある俳優5人の「主演ドラマ本数」「CM出演本数」「主演ドラマ平均視聴率」の3データです（実在する俳優ならびにデータではありません）（図表2-13）。

このようなデータを使って、この俳優たちの個性が一目でわかるように表現する方法が「バブルチャート」です。エクセルのグラフ機能に入っていますので、誰でもすぐに作成することができます。

このグラフでは縦軸にCM出演本数、横軸に主演ドラマ本数、バブルの大きさを平均視聴率としてみました（図表2-14）。

このようなグラフにすれば3つのデータを整理した状態で一度に見せることができ、5人の個性が一目瞭然。もしかしたら事務所の戦略（？）も把握できるかもしれません。

たとえば松本さんはドラマもCMもたくさん出演しており、事務所が推している俳優さんなのかなと推測できます。相葉さんはドラマよりもCMで使ったほうが好感度が上がるタイプなのでしょうか。二宮さんは出演ドラマやCMは少ないものの、平均視聴率は高い。ファンがたくさんいる可能性があり、もう少し露出を増やしてもいいかもと

図表2-14　人気俳優のデータ

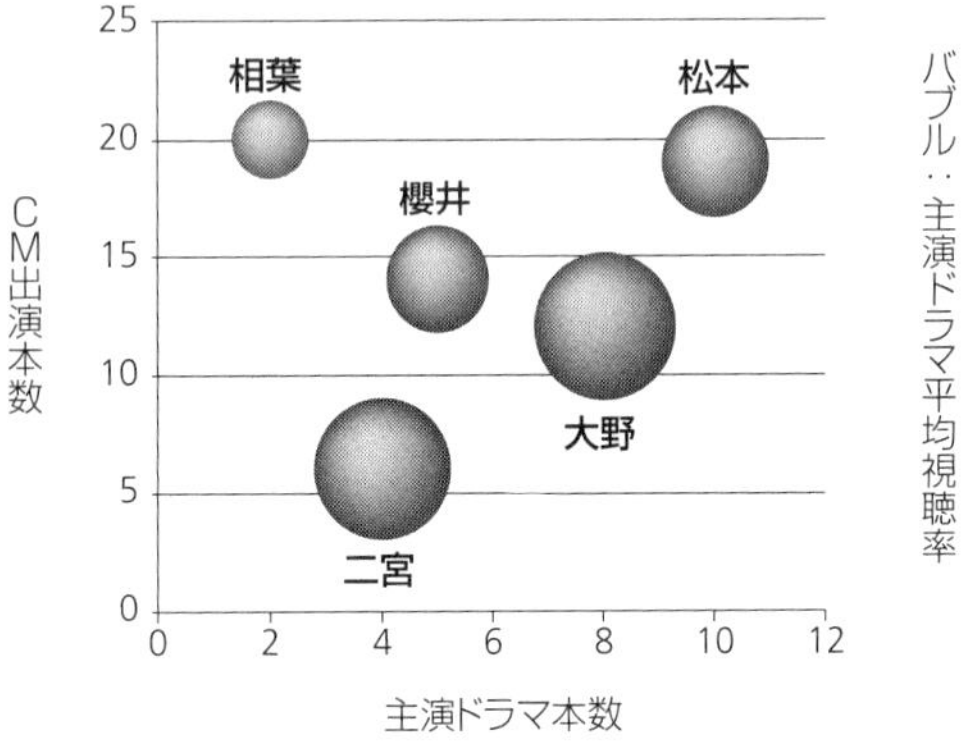

事務所は考えるかもしれません。

●個性を表現できる「レーダーチャート」

3つめは「レーダーチャート」のご紹介です。

先ほどは俳優の個性をバブルチャートで表現しましたが、個性を表現できるグラフは他にもあります。

たとえば俳優の福山雅治さん（これは実在するご本人を想像してください）と本書の著者である私（深沢真太郎）を5つの項目で比較し、5点満点で点数化したとしましょう（図表2-15）。

もちろんこの表だけでも2人の個性は把握できますが、図表2-16のような「レーダーチャート」と呼ばれるグラフにすることでその差がより鮮明になります。具体的には、長所・短所・バランスを端的に表現できるグラフです。こちらもエクセルのグラフ機能に入っていますので、誰でもすぐに作成することができます。

図表2-15　人気俳優との比較

	顔	声	色気	ファンの数	脚の長さ
福山雅治	5	4	5	5	5
深沢真太郎	3	4	3	2	2

図表2-16　人気俳優との比較

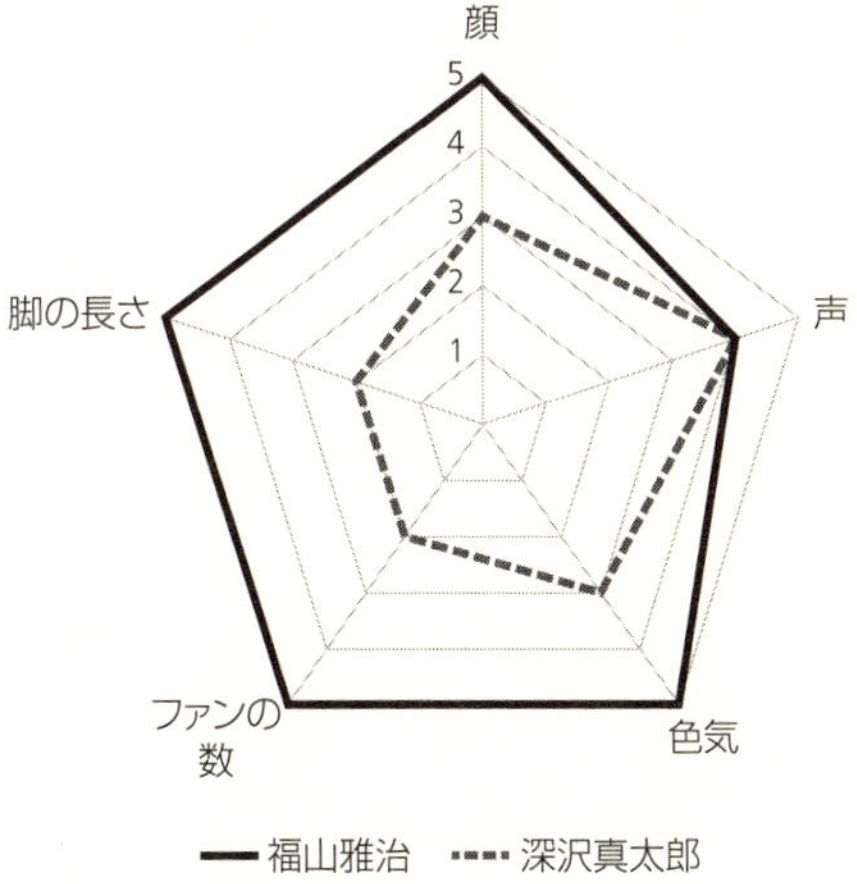

ご存じのように福山雅治さんはほぼ完璧な男性です。一方、著者である私はまあごくごく普通の40代男性です。

ただ、強いて言えば私はよく「声」を褒められます。プロのヴォイストレーナーにお褒めいただいたこともあるので、「声の良さ」だけは福山さんといい勝負（？）ができるかもしれません……という定性的な文章も、このグラフを見せれば一瞬で伝わります。何が言いたいのか、どこがポイントなのか、一目瞭然です。先ほどお伝えした「メッセージ」が込められたグラフと言えますね。

●「一目瞭然」に勝るものはない

お気づきかもしれませんが、実はここまでの内容に「一目瞭然」という言葉が何度も登場しています。

短い時間で簡潔に伝えることが要求されるビジネスコミュニケーションにおいて、グラフを活用した「一目瞭然」に勝るものはありません。だから、デキる人がつくる資料にはこのようなグラフが上手に活用されているのです。

本項でご紹介した3つのグラフは、あなたもどこかで目にしたことがあるグラフだったはず。しかし、あなた自身が使ったことがあるかというと意外に……。

・2つのデータの関連性を表現したい ↓ 散布図
・3つのデータの関連性を表現したい ↓ バブルチャート
・長所・短所・バランスを端的に表現したい ↓ レーダーチャート

いままでは単にデータを並べるだけだった資料が、見違えるほどわかりやすく見やすいものに変身します。せっかく備わっているグラフ機能です。ぜひ今日から活用し、「一目瞭然」の資料をつくりましょう。

2　絶対にやってはいけないグラフのNG行為

「穴」のある資料は、勝ち戦を負け戦にする

●なぜこのグラフは雑なのか

この項ではグラフの使い方について、小姑のような細かい指摘をします。でもそれは重要な意味があってのことです。ぜひ最後までお付き合いください。

次のグラフをご覧ください（図表2-17）。

ある企業の女性従業員の中で、婚活に関心がある人がどれくらいいるかをリサーチした結果のデータです。

私はこのグラフは非常に「雑な仕事」だと感じます。なぜなら、各年代の何名に調査した結果なのかが明示されていないからです。

●15万円引きより20円引きがお得!?

このグラフをパッと見せられると、先入観も手伝って「やっぱり年齢を重ねるにつれて関心

図表2-17　「婚活に関心がある」にYESと答えた女性従業員

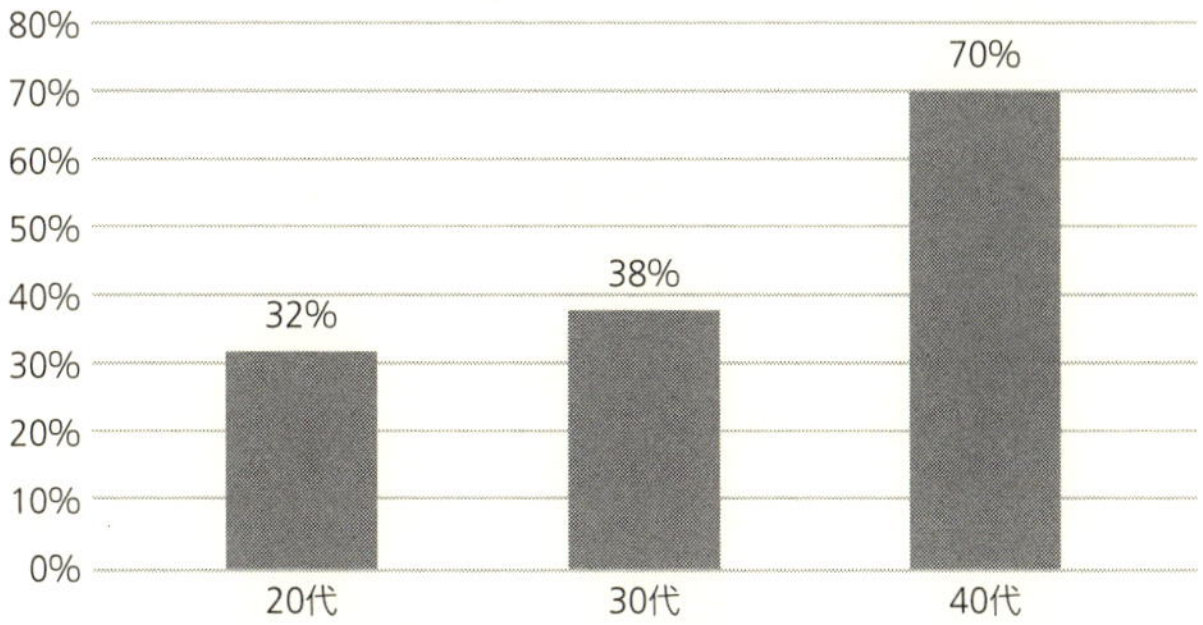

図表2-18　「婚活に関心がある」にYESと答えた女性従業員

	20代	30代	40代
従業員数	100	50	10
YESと答えた人数	32	19	7
	32%	**38%**	**70%**

は高まるのね」なんて読み方をしてしまう人もいるでしょう。

　しかし、実際は20代が１００名、30代が50名、40代が10名の調査結果だとしたらどうでしょう（図表2-18）。「年齢を重ねるにつれて関心は高まる」とは一概に言い切れませんよね。私はこのようなグラフを「穴」のあるグラフと呼んでいます。

　そもそも、図表2-17の「%」の棒グラフは、それぞれが違う分母（１００、50、10）に対する数字ですから、それを同じ土俵で単純比較してもあまり意味がありません。「20%引きのアイスクリームと、15%引きのロレックスとでは前者のほうがお買い得です」

と言っているのと同じですから。

・アイスクリーム　１００円↓(20%引き)↓割引額は20円
・ロレックス　１００万円↓(15%引き)↓割引額は15万円
←
アイスクリーム（20%引き）のほうがお得!?

●注釈に「気遣い」を残しなさい

もしどうしても棒グラフを使いたいのなら、グラフの下などに注釈を入れましょう。たとえば先ほどのグラフで言えば、各年代の「%」の分母を記載することです(図表2-19)。

あるいは、そもそも年齢別で比較することに意味がないようであれば、データをすべてまとめてしまってはどうでしょう。その結果を円グラフで表現すればシンプルに伝わります。ただし、その際も「%」の中身が正しく伝わるように注釈を入れておきます(図表2-20)。

要するに、相手がミスリードしたり、「?・?」と思うことがないようにちょっとした気遣いをグラフに残すということです。

図表2-19　「婚活に関心がある」にYESと答えた女性従業員

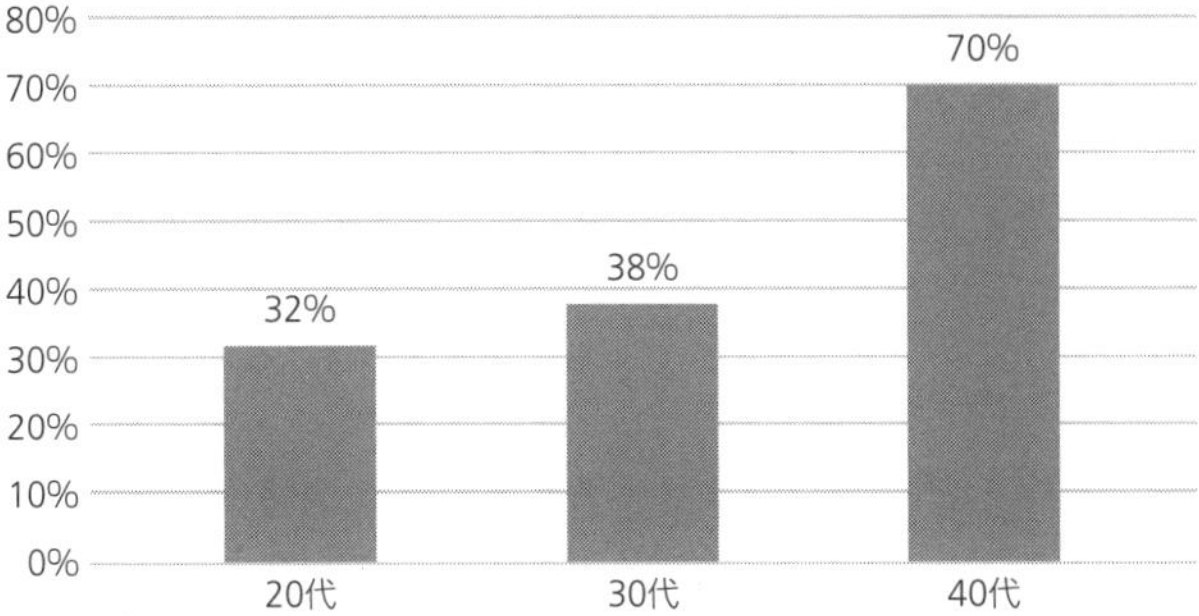

＊調査人数は20代が100名、30代が50名、40代が10名

図表2-20　「婚活に関心がある」にYESと答えた女性従業員

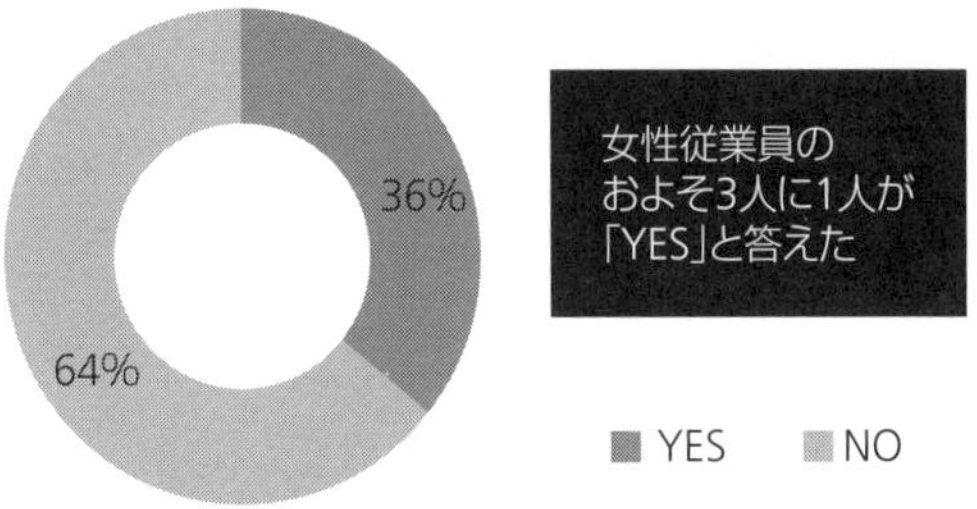

＊調査人数は160名（20代が100名、30代が50名、40代が10名）

●デキる人は細部にこだわる

このような話は、数字に強い人がよくする細かいツッコミ（屁理屈？）なのかもしれません。

「そんな細かいところ、別にいいじゃないか………」

あなたはそう思うかもしれません。でも、その思考回路は極めて危険です。グラフをつくる際の数少ない「NG行為」と申し上げておきます。

一般論ですが、デキる人は資料の細部にこだわると聞きます。一流の人は、資料の中で使うロゴが1ミリずれているだけでつくり直しを命じるそうです。私の主観も入りますが、その理由は極めてシンプルだと思います。

そのくらい細部にこだわることをせず、相手思いの仕事をしない人は、いつか重要な局面で「穴」のあるグラフを見せ、失態を演じるからです。

●「資料が雑」＝「重要な仕事も雑」

私が企業に勤め、マネジメントのポジションに就いていたときの実話です。

重要な取引をする相手を2社のコンペで決め、1社を選択する局面がありました。サービスレベルや見積もりはほぼ同じ。どちらの担当者にも熱意がある。でも、私は自信を持って一方を選択しました。

その決め手は「資料」でした。一方の会社が見せる資料はとにかく細部が雑。さきほどご紹介したようなグラフのちょっとした「穴」もありました。


「このグラフだけではそうとは言い切れませんよね」

「この資料にはなぜ○○○（数字）が明示されていないのでしょうか？」


そんなツッコミをせざるを得ない資料だったのです。そういう仕事をする人物（会社）は、今後も重要な局面で必ずそういう雑な仕事をします。だから、選ぶに値しないと判断しました。

いかがでしょう。それでもあなたはこのグラフの話を、「そんな細かいところ、別にいいじゃないか……」と思いますか。

・明示すべき数字はしっかり明示する。
・「％」はミスリードさせやすい数字なので注意する。

図表2-21　洋食メニューの注文割合

パスタ	カレーライス	ハンバーグ	オムライス	ピラフ	その他
24%	20%	22%	13%	11%	10%

＊1週間の注文数＝100%

これに気をつけるだけで、あなたのつくるグラフに「穴」はほぼなくなります。

〝円になっていない〟円グラフを使っていないか

●3Dグラフを使ってはいけない

この項でも、グラフの「NG行為」をご紹介します。

テーマは円グラフ。あまりにポピュラーなグラフゆえ、「NG行為」なんてあるのかと思われるかもしれません。

しかし、多くのビジネスパーソンの教育研修中の作業風景や、作成した資料を見ていると、「?・?」な円グラフをたくさん目にするのです。

たとえばある洋食レストランの1週間の注文メニューの割合が次のデータだったとしましょう（図表2-21）。このデータを円グラフで表現します。

シンプルにこのデータを表現したければ、単純に円グラフを作成すればそれでよいと思います。

ところが、あえて次のような3Dグラフで表現しようとする方がいます（図表2-22）。私はこのようなグラフは「NG行為」と指導しています。いったいな

図表2-22　洋食メニューの注文割合

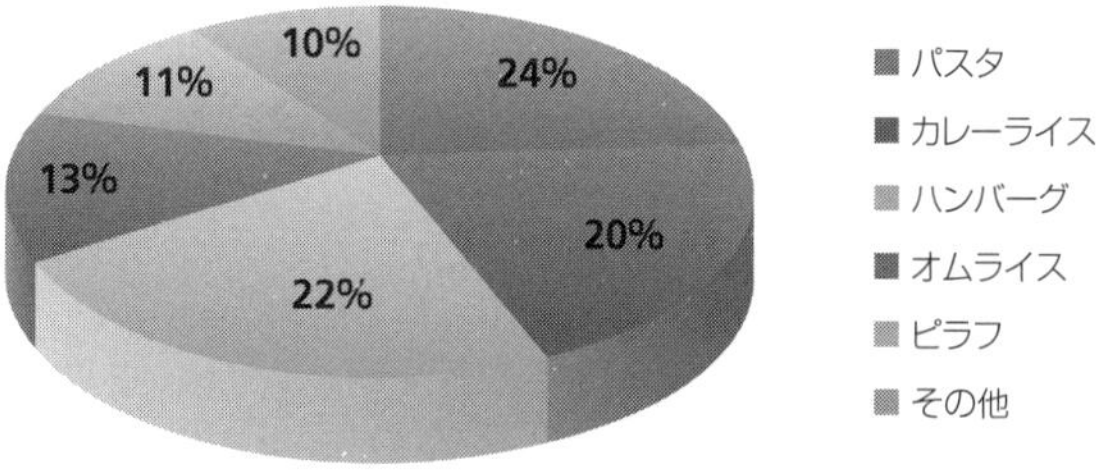

＊1週間の注文数＝100%

ぜだと思いますか。

●「正しく伝わるか」より「カッコイイかどうか」？

そもそも、グラフというものは伝わりやすくするために使うというのが原則です。ところがこのグラフはわざわざ角度をつけてしまっています。最も大きい「パスタ」の24％よりも、「ハンバーグ」の22％のほうが大きいデータに見える方も多いはずです。

実際、このグラフの数字を隠すと、ほとんどの方が手前の「ハンバーグ」の割合が最も大きいと思ってしまいます。伝わりやすくするために使うどころか、あえて困惑させてしまう可能性がある見せ方をする。私にはまったく理解できません。

ちなみにこうした3Dグラフを好んで使う方にその理由を尋ねてみると、ほとんどが以下のような答えなのです。

「なんかカッコイイ気がするから」「なんかインパクトあるから」

明らかにグラフを使うことの本質が理解できていません。相手に正しく伝わるかどうかよりも、自分のつくったグラフがカッコイイかどうかが重要というわけです。「For you」ではなく「For me」の精神が強いのでしょう。

●なぜわざわざ見づらくするのか

稀にですが、次のようなグラフをつくる方がいます。ポイントとなる部分だけ分割して見せるグラフです（図表2-23）。

私は本書で、「グラフにはメッセージを込めなさい」とお伝えしています。そういう意味では、このグラフにはメッセージがあるのでＧｏｏｄです。おそらく、「パスタが最も多い（24%）ですよ」がメッセージでしょう。

しかし、このグラフも私は推奨しません。なぜなら、わざわざ分割などしなくても、「パスタが最も多い（24%）ですよ」は伝えられるからです。

明らかに図表2-24のほうが見やすいグラフです。その理由は主に2つです。

図表2-23　洋食メニューの注文割合

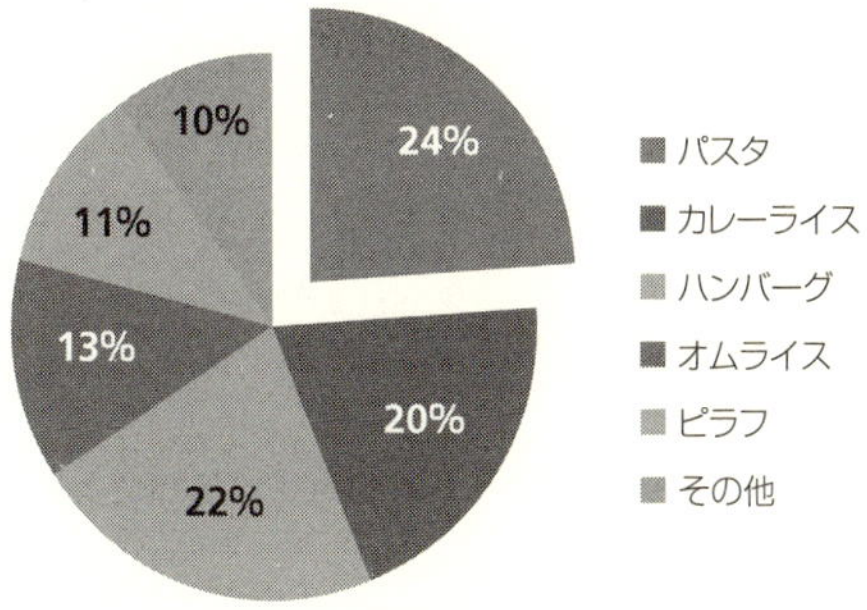

＊1週間の注文数＝100%

図表2-24　洋食メニューの注文割合

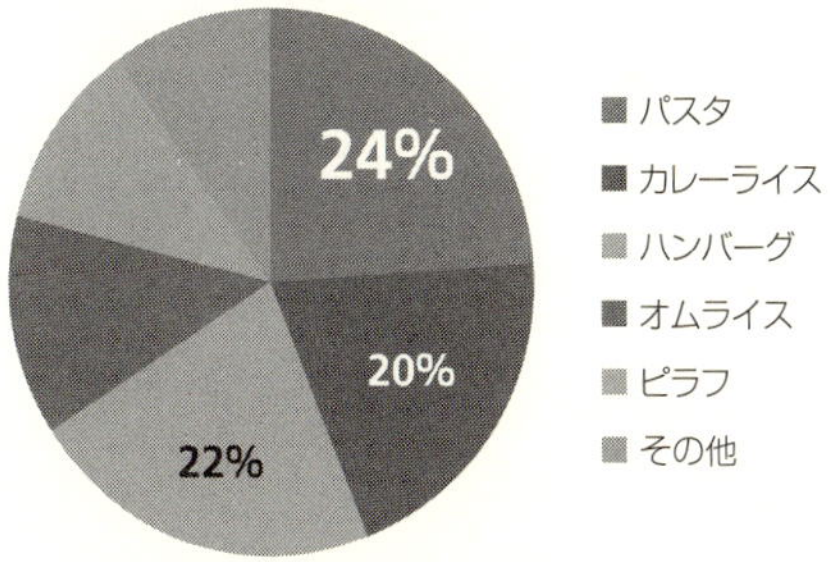

＊1週間の注文数＝100%

・情報量が少なく、メッセージがシンプルだから
・形が円だから

「パスタ24％」がメッセージなのであれば、シンプルにこういう円グラフにすればよいのです。別に「分割する必要ないじゃん」と思うのは、私だけではないでしょう。

そして、分割したグラフを好んで使う方にその理由を尋ねてみると、ほとんど先ほどの３Ｄグラフのときと同じような答えが返ってきます。


「なんかカッコイイ気がするから」「なんかインパクトあるから」

●「円グラフ」なのだから、円の状態で見せなさい

ドラえもんやアンパンマンの顔が丸いのは、その形が子供に受け入れられやすいからだという説があります。その真偽はさておき、子供であっても大人であっても「円＝まんまる」はわかりやすく視覚的に受け入れやすいことは事実でしょう。

だから円グラフは「円」なのです。視覚的に受け入れやすく、誰が見ても一目で伝わります。

ところが、カッコつけたい、インパクトを出したい、といった自分本位の理由により、あえて3Dや分割といった〝円の状態でない〟円グラフにしてしまうのは本末転倒です。

あなたが資料作成などでグラフをつくる際、どんなグラフにしようか考えることはとても重要ですし、素晴らしいことです。

でも、その考える方向性は間違えないようにしたいものです。

迷ったときは、次の言葉を思い出してください。

「For me」ではなく「For you」。

数字に強い人はとりあえずさっさとグラフにしてみる

●グラフは「伝えるためだけ」のものではない

ここまで「グラフのNG行為」をテーマにお話をしてきましたが、実は最も「NG」なことが1つだけ残っています。極めて根本的なことゆえ、残しておきました。

もしかしたらあなたは、グラフというものは「伝えるためだけ」に使うものと思い込んでいないでしょうか。もちろんグラフは伝えるための重要なツールであることは間違いありません。

しかし、〝だけ〟というのは完全なる思い込みです。

実はグラフには2つの用途があるのです。

・伝えるために使う
・読むために使う

あなたのパソコンの中にはたくさんのデータが眠っていることでしょう。ということは、そのデータを読み解くこともあなたの重要な仕事になるはずです。

データを読み解くとは、たとえば「傾向はどうなっているか？」「異常値はないか？」といった情報を摑む行為のことです。

●データを読むのが得意な人の共通点

第1節でご紹介した、ある書籍の書店別販売データをもう一度登場させましょう（図表2-25）。

もしあなたがこのデータから何か傾向や異常値の存在を摑みたいとしたら、どうしますか。

実は多くの企業研修に携わった経験を通じてわかったことなのですが、いわゆる数字に強くてデータを読み解くのが得意な人とそうでない人とでは、このような局面での行動に明確な違いがあるのです。

図表2-25　ある書籍の書店別・月別の販売点数

書店名	累計	1カ月目	2カ月目	3カ月目	4カ月目	5カ月目	6カ月目
合計	1,028	2	417	287	153	96	73
Amazon.com	354		120	89	70	40	35
三省堂書店神保町本店	83		35	35	8	2	3
三省堂書店名古屋高島屋店	73		34	25	9	3	2
丸善日本橋店	72		12	20	19	12	9
三省堂書店池袋本店	59		51	6	1		1
楽天ブックス	47		22	8	7	5	5
紀伊國屋書店新宿南店	40		19	7	9	5	
ビーケーワン	38		20	13	1	2	2
ジュンク堂書店池袋本店	35		11	8	4	7	5
有隣堂ヨドバシAKIBA店	33		13	11	3	5	1
三省堂書店東京駅一番街店	33		16	10	3	2	2
ブックファースト新宿店	24		10	4	4	5	1
紀伊國屋書店新宿本店	23		10	7	1	2	3
文教堂書店浜松町店	22		9	11	1		1
紀伊國屋書店梅田本店	21		8	9	2	2	
八重洲ブックセンター本店	20		7	10	1	2	
丸善丸の内本店	16	1	8	3	4		
丸善ラゾーナ川崎店	13	1	4	5	2	1	
ブックファーストレミィ五反田店	13		5	3	2	1	2
有隣堂アトレ恵比寿店	9		3	3	2		1

数字に強い人→さっさとグラフにして読み解こうとする
数字が苦手な人→いつまでも数字の羅列を不快そうな表情で眺めている

たしかにこの例においても、データのまま眺めていては、「何か」を見つけるのにちょっと苦労しそうです。視線をいろんなところに移し、いろんな角度で数字を比較していかないといけません。ところが、何も考えずグラフにしてみたらどうでしょう。

少々乱暴な表現かもしれませんが、棒グラフ、折れ線グラフ、円グラフ、何でも構いません。とにかくまずは、データをいろんなグラフにしてみるのです。

たとえば、とりあえず図表2-26のような折れ線グラフにしてみたとします。時間にして10秒もあれば十分でしょう。

「三省堂書店池袋本店」×「2カ月目」のデータが大きく跳ね上がっており、ある意味では異常値と言えそうです。何か店頭でキャンペーンなどを行ったのではないかとの推測が可能ですね。

●数字の羅列を眺めていてはダメ

図表2-26　何でもいいのでとりあえずグラフにしてみる

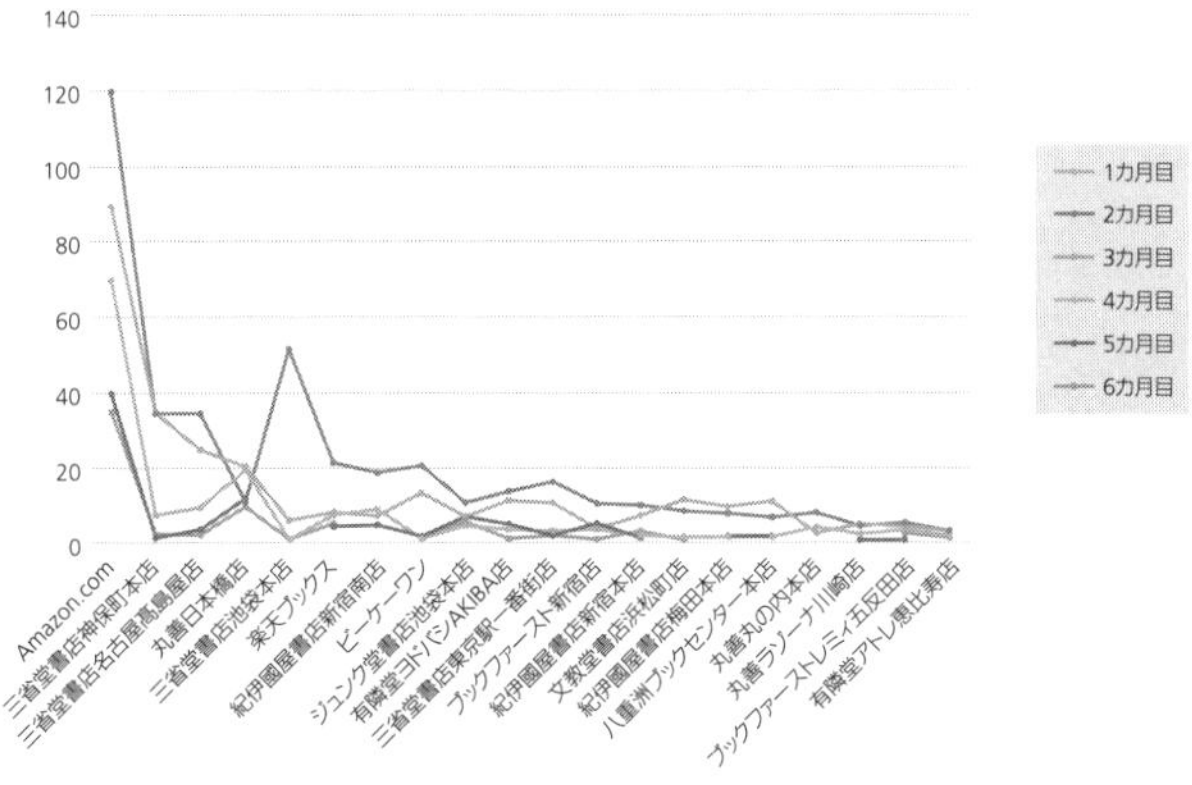

お気づきかもしれませんが、実はこの折れ線グラフは第1項で「何を伝えたいのかわからないグラフの例」として既にご紹介したものです。

つまり、この折れ線グラフは何かを伝えたいときに使うグラフとしてはNGということになります。

しかし、何かを読み解きたいときに使うのであれば、まったく問題ないということになるのです。

データを読み解きたいときは、データのまま数字の羅列を眺めてはいけません。

とりあえず何でもいいからグラフにしましょう。

誰かに見せるグラフではないのですから、見栄えやインパクトなどまったく必要ありません。「何か」が見つかればそれでOKなのです。

せっかくエクセルには一瞬でグラフ化できる機能

があるのですから、数字を読み解くときにもぜひ活用したいものです。

●〝データを読む〟＝〝データのまま読む〟ではない

グラフには、「相手に伝えるグラフ」と「自分で読むグラフ」の2種類があります。そして、数字に強い人はこのことをよくわかっています。

しかし数字が苦手な人ほど、その苦手な対象をいつまでもじっと眺めている……。データを読む行為とは、データのまま読むものだと思い込んでいるのです。

こんなちょっとした思い込みで仕事が滞ってしまうなんて、なんだかもったいない気がしますがいかがでしょう。

3　デキる人に見せるプラスαのグラフ術

1つのグラフで2つのメッセージを伝える

●「1グラフに1メッセージ」が基本だが……

「グラフにはメッセージを込めなさい」

私が本書で一貫してお伝えしているエッセンスです。そしてできれば、1つのグラフには1つのメッセージだけを込めることが理想です。伝えるためのグラフは、何が言いたいのかが一瞬でわかることが極めて重要だからです。

しかし、そうはいっても実際にはこういう局面もあるかもしれません。

「伝えたいメッセージがどうしても2つある。できればそれを1つのグラフの中で表現してしまいたい」

図表2-27　某小売業者の店舗別売上高

	東京	神奈川	大阪	京都	名古屋	福岡	札幌	広島	全店舗
売上高	429	331	285	183	149	140	87	53	1,657
シェア	25.9	20.0	17.2	11.0	9.0	8.4	5.3	3.2	100.0

（売上高の単位：億円　シェアの単位：%）

そこで、どうすれば一瞬で２つのメッセージが伝わるようなグラフになるかを考えてみましょう。

●メッセージが2つならグラフも2つがセオリー

たとえばこのようなデータで考えてみましょう（図表2-27）。

次のデータは全国展開している小売業者の年間売上高だとしましょう（全部で８店舗）。

このデータを使って、あなたは次の２つのメッセージを伝えたいとします。

①売上高が大きいのは関東と関西の店舗であり、その依存度も高い
②依存度が低い札幌店と広島店はクローズしても影響は小さい

まず①のうち「売上高が大きいのは関東と関西の店舗」だけがメッセージならば、次のような棒グラフで十分でしょう（図表2-28）。

図表2-28　某小売業者の店舗別売上高

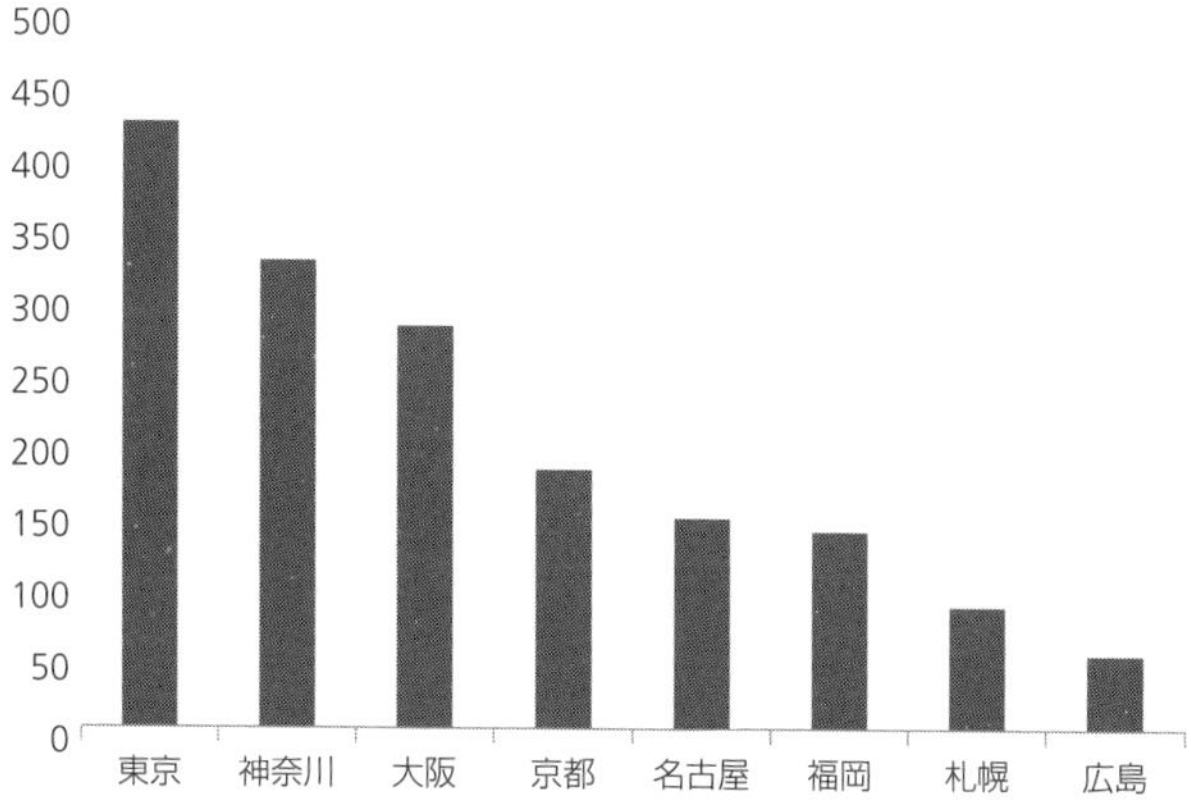

図表2-29　店舗別 売上高シェア

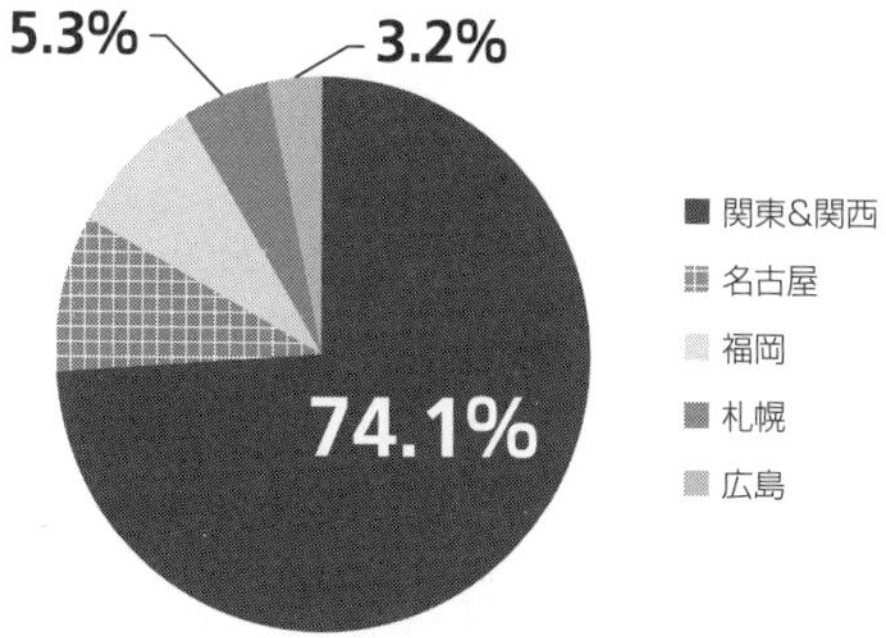

しかしこのグラフではその依存度までは表現することができません。もしそれを表現したければ、通常はもう1つ別の円グラフを作成するのがセオリーでしょう（図表2-29）。

●2つのグラフを1つにまとめる技

しかし、次のような手順でエクセルを操作すると、この2つのグラフを1つのグラフにまとめることができます。

［この手順通りに操作してください］

売上の高い順に売上高を算出し、それに対して全体のシェアを累計で算出（図表2-30）

←

「売上高」と「シェア（累計）」の2種類のデータを、まずはそのまま棒グラフ（あるいは折れ線グラフ）にする

←

売上高は棒グラフに、シェア（累計）は折れ線グラフに変更する

←

折れ線グラフ上で右クリックし、「データ系列の書式設定」を選択

図表2-30　準備したデータ

	1	2	3	4	5	6	7	8	
	東京	神奈川	大阪	京都	名古屋	福岡	札幌	広島	全店舗
売上高	429	331	285	183	149	140	87	53	1,657
シェア（累計）	25.9	45.9	63.1	74.1	83.1	91.6	96.8	100.0	

（売上高の単位：億円　シェアの単位：%）

図表2-31　図表2-30をグラフ化したもの

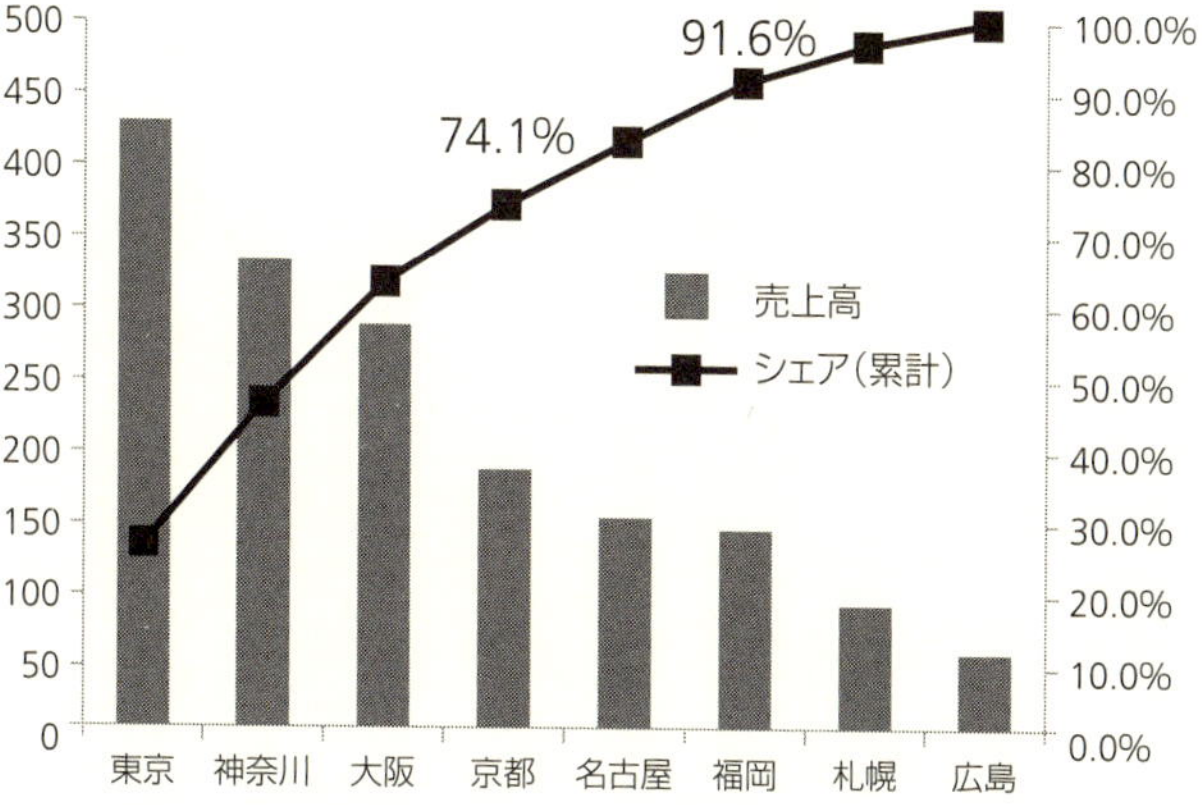

←　軸を「第2軸」に選択（右側の縦軸にシェアの数字が表記される）

←　必要なアレンジをする（グラフの色替え、データの表記など）

図表2–31のようなグラフはパレート図と呼ばれています。データを活用して資料をまとめ、プレゼンするような仕事をする方（たとえばコンサルタント業など）が好んで使うグラフで

す。このグラフを使えば、次の2つのメッセージが端的に伝わることでしょう。

・関東と関西（東京・神奈川・大阪・京都）の売上高が高い。その依存度は高く、全体におけるシェアがおよそ74％。
・依存度が低い札幌店と広島店は仮にクローズしても影響は小さく、全体の10％未満である（その2店舗以外のシェアが90％を超えている）。

●TPOにあわせて使い分ける

ご紹介したパレート図。パッと見たときの印象がカッコイイ（？）ので、ついどんなときでも使ってみたくなりそうですが、それはちょっと待ってください。

たとえばパワーポイントなどスライドを使ってプレゼンテーションする際は、スライドの枚数などに制限がありませんから、このように1グラフにまとめる必要はありません。1スライドを贅沢に使えばよいでしょう。

しかし、紙の資料など限られたスペースの中で複数のメッセージを伝えたい場合にはこのようなグラフをうまく活用したいものです。

たとえば何でも紙1枚で説明することを好む上司に説明する際は、間違いなくコッチですね。

伝えたいメッセージによって使うグラフを変えるのは常識ですが、TPOにあわせて使うグラフを変えることもできるようになったら、あなたはもう上級者の仲間入りです。

データを〝メイクアップ〟しよう

●〝自分でデータを読み解きたい〟上司には……

ビジネスパーソンは、ある視点で2種類に分けることができます。

A　数字を読むなんて勘弁。結論だけ端的に伝えて欲しいタイプ
B　数字は得意。できれば自分でデータを読み解きたいタイプ

あなたの上司は、いったいどっちでしょう。

Aタイプであれば本書で再三お伝えしているように「1メッセージ」を徹底し、結論だけ端的に伝わるようにグラフを使えばよいでしょう。

しかし、Bタイプの場合は少し違ってきます。自分でデータを眺め、推論し、自ら結論を出したいタイプの上司だと、あなたが勝手にデータをノイズカットし、結論だけ伝えてしまうと逆にモヤモヤして納得してくれないかもしれません。

そんな上司に対して見せる資料はいったいどうつくればよいか。それがこの項のテーマです。

●上司が読みやすい「数字の羅列」にする

では具体的にどうすればよいか。答えは1つしかありません。

データはそのままに、上司が読みやすい状態にして見せてあげればよい。

私は研修やセミナーの場でよく、「見る人の心がときめくように、データをメイクアップしましょう」と申し上げています。

たとえば次のようなデータがあったとします。ある製品の販売点数を営業担当者と年別に分けたデータです（図表2−32）。

Aタイプの上司なら、こんな表を見せられただけでイヤな気分になってしまうでしょう。しかしBタイプの上司はこのような数字の羅列も大好物です（笑）。

ただ、このままではちょっと寂しくありませんか。少しだけメッセージを込めて、あとは上司に存分に数字を読んでいただきましょう。

図表2-32　担当者別・年別販売実績

	2011年	2012年	2013年	2014年	2015年	2016年
前田	432	501	492	521	467	446
大島	500	501	460	480	492	504
指原	172	181	195	261	281	302
渡辺	388	400	437	503	444	475
篠田	262	280	305	320	307	306
柏木	280	257	270	250	289	227

＊単位：個

●エクセルの「条件付き書式」を使ってみよう

たとえば、数字の大小をセルの色の濃淡で表現することができます（図表2-33）。

［作業マニュアル］
エクセルでデータ範囲を選択する
↓「条件付き書式」
↓「カラースケール」
↓好みの色を選択する

エクセルの機能「条件付き書式」を活用すると、このような表現が可能です。

高い数値ほど濃い色になり、低い数値ほど薄い色になります。営業成績の良し悪しが直感的にも伝わりますね。

あるいは、このデータの中からトップ10だけ色をつけることもできます（図表2-34　トップ10だけではなく、変更も可能です）。

図表2-33　担当者別・年別販売実績

	2011年	2012年	2013年	2014年	2015年	2016年
前田	432	501	492	521	467	446
大島	500	501	460	480	492	504
指原	172	181	195	261	281	302
渡辺	388	400	437	503	444	475
篠田	262	280	305	320	307	306
柏木	280	257	270	250	289	227

＊単位：個

［作業マニュアル］
エクセルでデータ範囲を選択する
↓「条件付き書式」
↓「上位／下位ルール」
↓「上位10項目……」
↓「ＯＫ」を選択する（変更したい場合は10を他の数値に設定する）

トップ10だけにフォーカスするので、より前田さんや大島さんの成績が良いことが伝わりますね。

また、図表2-35のように各セルにあるデータを棒グラフで表現することも可能です。

［作業マニュアル］
エクセルでデータ範囲を選択する

図表2-34　担当者別・年別販売実績

	2011年	2012年	2013年	2014年	2015年	2016年
前田	432	501	492	521	467	446
大島	500	501	460	480	492	504
指原	172	181	195	261	281	302
渡辺	388	400	437	503	444	475
篠田	262	280	305	320	307	306
柏木	280	257	270	250	289	227

＊単位：個

図表2-35　担当者別・年別販売実績

	2011年	2012年	2013年	2014年	2015年	2016年
前田	432	501	492	521	467	446
大島	500	501	460	480	492	504
指原	172	181	195	261	281	302
渡辺	388	400	437	503	444	475
篠田	262	280	305	320	307	306
柏木	280	257	270	250	289	227

＊単位：個

↓「条件付き書式」
↓「データバー」
↓好みの色を選択する

ただ、棒グラフと数字が重複してしまい、見にくい気もします。
そこで、この状態から以下の作業をすることで棒グラフだけで見せることも可能です（図表2-36）。

[作業マニュアル]
あらためてエクセルでデータ範囲を選択する
↓「条件付き書式」
↓「データバー」
↓「その他のルール……」

図表2-36　担当者別・年別販売実績

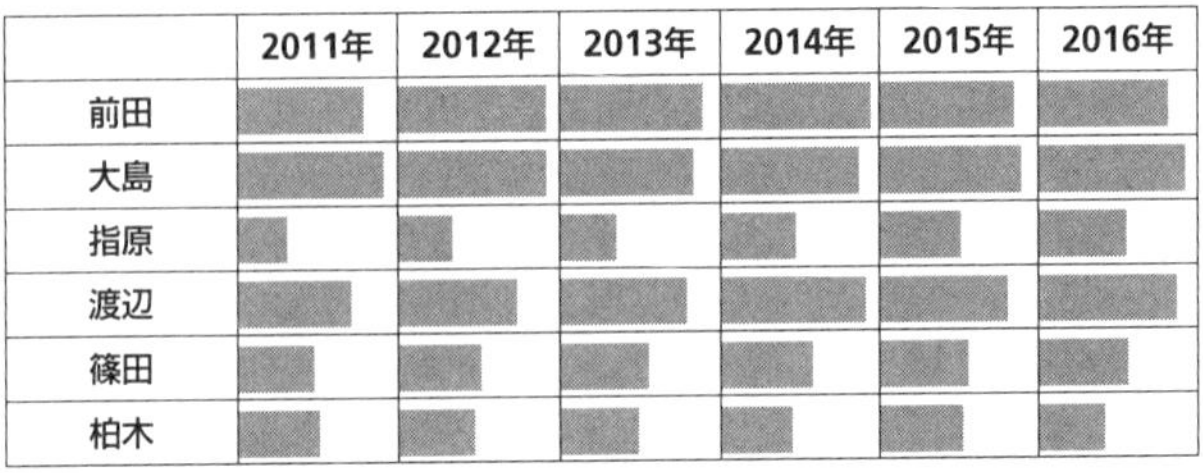

	2011年	2012年	2013年	2014年	2015年	2016年
前田						
大島						
指原						
渡辺						
篠田						
柏木						

＊単位：個

↓「データバーのみ表示」のボックスにチェックを入れる

↓「ＯＫ」を選択する

● 〝女子力の高いデータ〟をつくる

ご紹介した作業はいずれも絶対にしなければならないものではありません。しかし、しないよりはやったほうが美しくなる。そして見る人の心がときめく。つまり、メイクアップというわけです。

ただし、あまりメイクが濃すぎると逆に見にくく（醜く）見えるかもしれません。ほどほどのナチュラルメイクがちょうどよいでしょう。

先ほど数字と棒グラフの重複を取り除くことでスッキリさせたのは、つまりそういうことです。

仮にあなたが男性だったとしても、ＴＰＯにあわせて〝女子力の高いデータ〟をつくったほうがきっと職場でもモテると思いますよ（女性にモテるという意味ではありません。念のため）。

「ファンチャート」でシンデレラを発掘する

●「スパークライン」を使ってみよう

続いて、同じデータを使って「スパークライン」という機能をご紹介します。

「スパークライン」とは、データはそのまま表示させ、別のセルにその傾向をグラフで表示させる機能です。資料作成の際、生のデータとざっくりした傾向を同時に表現したいときなどに便利です。

やり方はとても簡単。

まずは、２０１６年のデータ（図表2-37）の右隣に折れ線グラフを表示するように指定してみます。

［作業マニュアル］

エクセルでデータ範囲を選択する（図表2-38）

↓グラフの「スパークラインの挿入」でグラフ形式を選択（図表2-38の右上）

↓スパークラインを配置する場所を指定（図表2-39）

↓「ＯＫ」で終了（図表2-40）

図表2-37　担当者別・年別販売実績

	2011年	2012年	2013年	2014年	2015年	2016年
前田	432	501	492	521	467	446
大島	500	501	460	480	492	504
指原	172	181	195	261	281	302
渡辺	388	400	437	503	444	475
篠田	262	280	305	320	307	306
柏木	280	257	270	250	289	227

＊単位：個

図表2-38

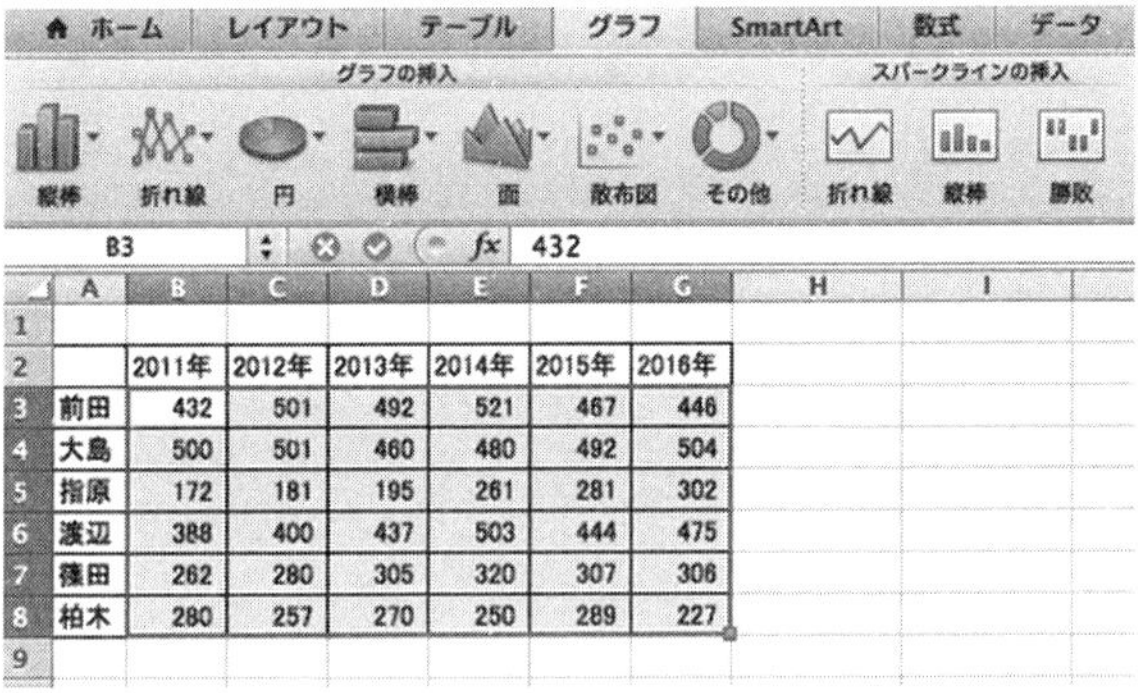

図表2-39

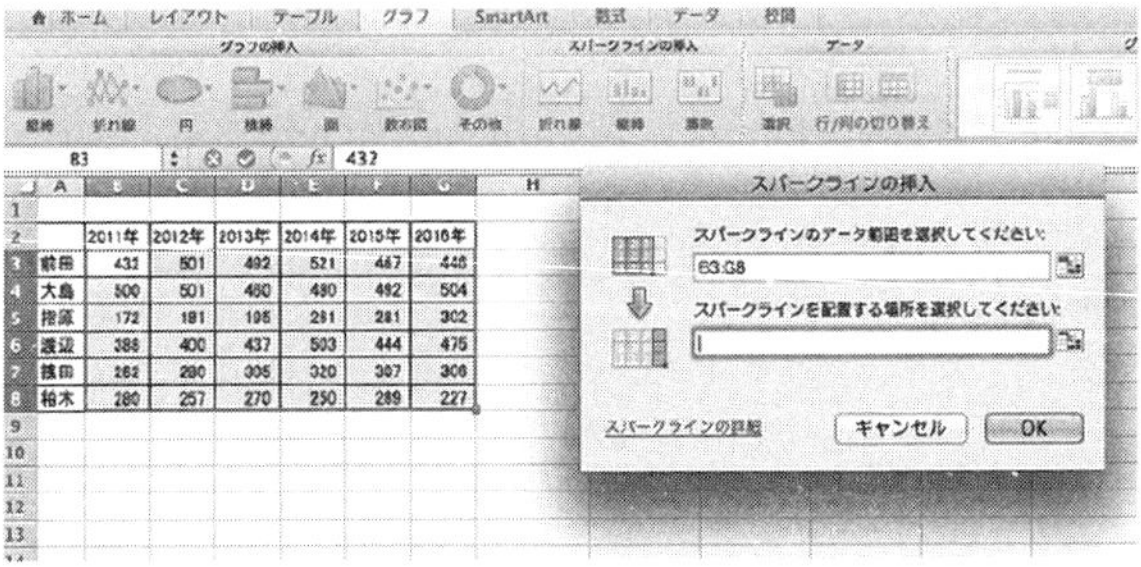

図表2-40

	2011年	2012年	2013年	2014年	2015年	2016年
前田	432	501	492	521	467	446
大島	500	501	460	480	492	504
指原	172	181	195	261	281	302
渡辺	388	400	437	503	444	475
篠田	262	280	305	320	307	306
柏木	280	257	270	250	289	227

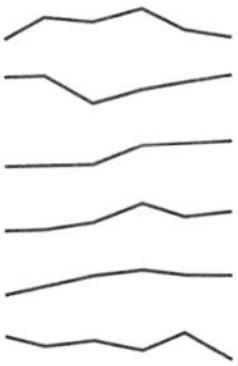

ご覧のように、２０１６年データの右隣にざっくり傾向を掴める折れ線グラフが表示されました。誰が増えている（減っている）かを視覚的に掴むことができます。

●ファンチャートをつくってみよう

ここで１つ質問です。

いま、数字そのものは低いけれどここ数年とても急成長している人、つまりいずれ大化けする可能性がある担当者は誰でしょう。

単純な傾向を表現したければ、先ほどの「スパークライン」で十分でしょう。

しかし、少し深掘りしていきたい場合にはこの状態では少々わかりにくいですね。数字は低いけれど成長している、となると指原さんや篠田さんあたりが該当しそうですが、果たしてどうでしょうか。

そんなときは、次のように数値を変換することで簡単に分析することができます。

図表2-41　担当者別・年別販売実績

	2011年	2012年	2013年	2014年	2015年	2016年
前田	100%	116%	114%	121%	108%	103%
大島	100%	100%	92%	96%	98%	101%
指原	100%	105%	113%	152%	163%	176%
渡辺	100%	103%	113%	130%	114%	122%
篠田	100%	107%	116%	122%	117%	117%
柏木	100%	92%	96%	89%	103%	81%

＊2011年の数値を100%とする

［作業マニュアル］
２０１１年のデータを基準にする
↓各年のデータを基準に対する比率（割合）で表現する（図表2-41）
↓そのデータを折れ線グラフで表示する（図表2-42）

全担当者の２０１１年の数値を１００％として基準に設定し、それに対してどのくらい数字を伸ばしているのかの推移をグラフで表現しました（図表2-42）。このようなグラフを「ファンチャート」と呼びます。

●〝シンデレラ〟は誰だ？

ご覧の通り、指原さんが急成長していることが一目瞭然です。いまはまだ販売実績数は少ないものの、もしかしたら〝大化け〟する可能性がある人物かもしれません。

図表2-42　担当者別・年別販売実績推移

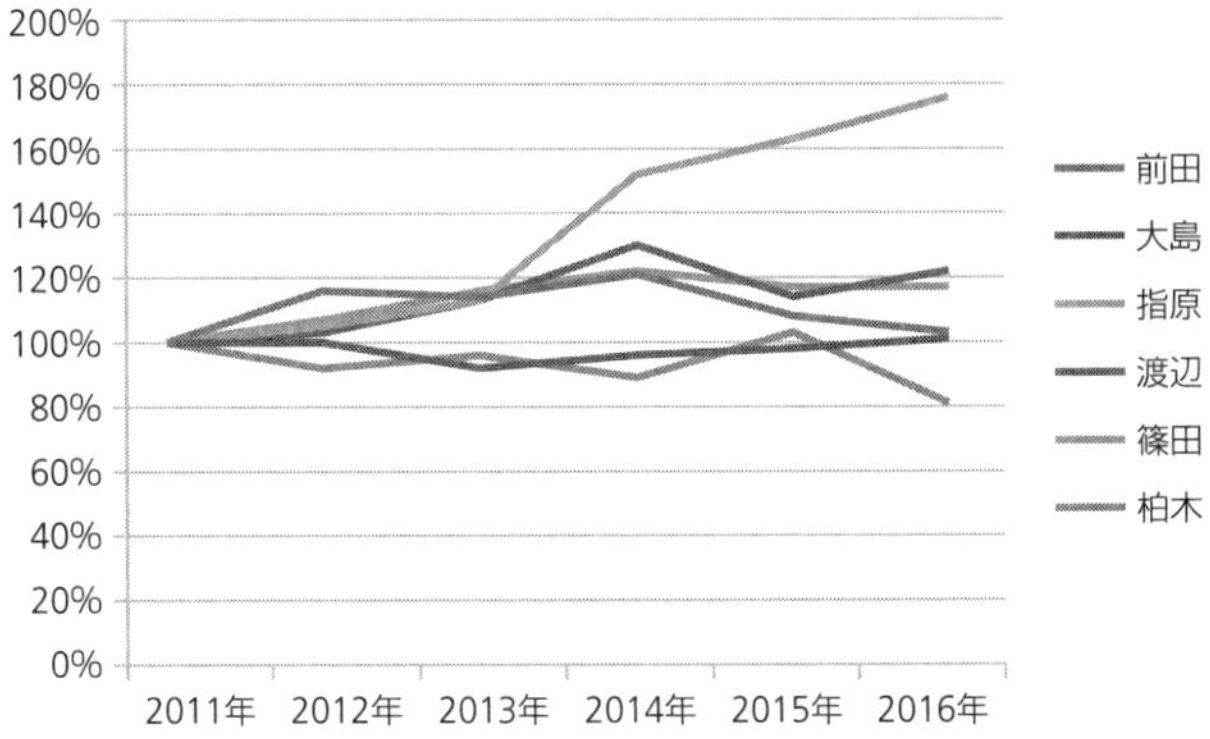

このような分析手法を一部では「シンデレラ分析」と呼ぶこともあるようです。いまはまだ脚光を浴びていないがいずれスターになる存在、いわば〝シンデレラ〟を発掘することに適した分析手法だからでしょう。なかなか粋なネーミングですね。

・スパークライン
・ファンチャート

このようなエクセルのテクニックを使えば、あなたの資料づくりや数値分析といった仕事の幅がグッと広がることでしょう。

そして、もしかしたらあなた自身がまだ気づいていない意外な〝シンデレラ〟を見つけることができるかもしれませんね。

グラフを使わない人になりなさい

●グラフを使わないと仕事が進まない?

グラフに関するお話、最後は極めて本質的なことをお伝えすることにします。

1行で表現すると、こうなります。


グラフを使わない人になってください。


ここまであれだけグラフの基本やテクニックをお伝えしてきた私がこのようなことを申し上げると、あなたは困惑するかもしれません。なんだか矛盾する気もしますよね。どういうことか説明しましょう。

そもそも、グラフというものは私たちビジネスパーソンにとって絶対に必要なものでしょうか。それが使えないと仕事は進まないものでしょうか。

言い方を換えましょう。もし今後あなたが仕事において一度もグラフを使ってはいけないとして、あなたは成果を出すことができないでしょうか。

おそらくこの問いに対して、ビジネスパーソンが100人いれば100人とも「NO」と答えるはずです。

●会議の本質は何か

たとえば会議。今日も日本中のオフィス内でたくさんの会議が行われていることでしょう。その中にはダラダラと長引き、参加者が疲れきっているものもあるかもしれません。そこで考えてみます。

その会議に、1時間も必要でしょうか。
その会議に、10人も参加する必要はあるのでしょうか。
その会議に、部長の大演説は必要でしょうか。
その会議に、机と椅子は必要でしょうか。
その会議に、紙の資料は必要でしょうか。
その会議に、会議室は必要でしょうか。
そもそも、その会議は必要なのでしょうか。

「それは本当に必要か？」という視点を持つことで、その会議の議論は2人で立ち話を3分間すれば終わることに気づけるかもしれません。

もしそれで済むなら、どう考えてもそうしたほうがいいはずです。「会議をすること」が仕事になってはいけませんよね。

●「グラフをつくること」が仕事になっていないか

話をグラフに戻しましょう。

そのグラフは、絶対に必要なのでしょうか。


ご自身の仕事を振り返ってみてください。

プレゼン資料に〝厚み〟を持たせるために使っていませんか。

会議資料のスペースを埋めるために使っていませんか。

インパクトを出したいという自己満足で使っていませんか。

そもそも、「資料をつくること」が仕事になっていませんか。

もっと突き詰めれば、エクセルのデータを単にグラフ化することが仕事になっていませんか。

残念ながら、それは仕事とは言いません。

たしかにグラフというわかりやすいビジュアルがあると、見栄えも良いし整理された感じもする。〝デキる人の仕事〟に見えるかもしれません。

しかし、そこに中身がなければすぐに化けの皮が剝がれます。

これは喩えるなら、中身が伴っていないのに高価な服や宝飾品で着飾る人と同じです。

グラフをつくることが仕事ではありません。

仕事をするためにどうしても必要なときだけ、相手のためにグラフをつくるのです。

●アリバイづくりに利用してはならない

なぜ日経新聞の記事にグラフが使われているのか。読者が記事の内容を正しく理解できるようにサポートするためです。「記事にスペースが空いてしまうのでそこを埋めるために都合良く使った」なんてことはないはずです。あくまで想像ですが。

ですから伝える相手が必要としないなら、あなたは別にグラフなど使う必要はありません。

むしろ私たちは、わざわざグラフなんて使わなくてもよいくらいシンプルに、本質的なことを数字で伝えられるように努力したいものです。

A氏　100ページに及ぶ分析資料を作成し、2時間かけてそれを説明する

B氏　概要と結論が書かれたA4の資料1枚で、わずか3分間で説明する

どちらが仕事をしている人物かは明らかでしょう。もちろんB氏です。A氏は仕事をした気分にはなっているかもしれませんが。

これが冒頭のワンメッセージ、「グラフを使わない人になってください」の真意です。

グラフはビジネスパーソンの武器になる。これは間違いありません。しかし、どうか〝仕事をしている風〟に見せるために使うことはやめて欲しい。もっとダイレクトに言えば、仕事をしていないくせにそのアリバイづくりに利用するなということ。〝自分のため〟に使うのはダメだということです。

最後に、本章で私が一番お伝えしたいことをもう一度。

グラフは、「For me」ではなく「For you」の精神で使いましょう。

第3章 論理的なシナリオのつくり方

――成功するプレゼンの準備術

1　そもそもプレゼンとは？

数学教師に学ぶ、プレゼンテーションの超基本

●いつもと違う視点で眺めてみよう

第3章からは3番めのテーマ、「プレゼンテーション」にお話を進めてまいります。

1番めのテーマであった定量化、2番めのテーマであったグラフ化。いずれもその仕事の行き着く先は、「誰かに説明して納得してもらうこと」になるはず。やはり、私たちにとってプレゼンテーションというテーマは極めて重要ですね。

ところで、もしかしたらいまあなたはこう思っているかもしれません。

「ビジネス数学の人が、なぜプレゼンを語れるんだよ？」

たしかに、プレゼンテーションの専門家は世の中にたくさんおりますし、私よりプレゼンが上手な人もたくさんいるでしょう。

しかし、あなたは私の専門とする「数学的な視点」でプレゼンテーションを眺めたことはあるでしょうか。

何事もそうですが、少し違う視点で見たときに新たな発見があったり、少しモヤモヤしていたことが腹落ちしたりすることはありませんか。

ぜひここからは、いつもと違う視点でプレゼンテーションというものを眺めてみてください。数学的な視点で。

●数学的な視点で定義すると？

そもそも、プレゼンテーションとは何でしょうか。

もちろん専門家ごとに違う定義があることでしょう。私はビジネス数学の専門家としてプレゼンテーションをこう定義します。

相手に伝えることで、「なるほど」と思わせる行為

たとえば新規事業を推進するか否かを社長にプレゼンテーションする場があったとします。

そのときのゴールは、相手である社長に「なるほど。じゃあキミにその新規事業を任せよう」

と言わせることでしょう。あなたがイメージするプレゼンテーションの定義と、ほとんど相違ないのではないでしょうか。

ゆえに、本章においてもこの定義を使わせていただきます。

●優秀な先生は冒頭で「定義」と「ゴール」を示す

かつての算数や数学の授業を思い出してみてください。

苦手だった方には少々イヤな気分にさせてしまうかもしれませんが、ほんの少しだけですのでお付き合いください。

１つ質問。当時の先生は、授業の最初にいったい何をしていたでしょうか。

「今日は台形の面積を求める方法について勉強します」

「いまから連立方程式の解き方を２つ学びます。まずは代入法から」

「いよいよ今日から数列という単元に入ります。まずは等差数列から」

こんな感じで、その日何をするのかを最初に定義したはず。当然です。その定義をしないことには、生徒は何を説明されているのかわからないまま授業を聞かないといけないのですから。

そして、優秀な教育者であれば必ずこのような「今日のゴール」の提示もしたはずです。

「面積を求める公式を覚えるのではなく、その理屈を理解すること」
「代入法と消去法、どちらでも解けるようになること」
「等差数列と等比数列の一般項と和を求められるようになること」

生徒はその授業で何が理解できればOKなのかが明確になり、先生と生徒が同じゴールを目指して時間を過ごせます。そして、先生は最終的に生徒をゴールに導き、「なるほど」と思わせます。

「わかりやすい！」と言われる授業、「今日の内容はよくわかった！」と思わせられる授業とは、こういう基本的な仕事をしっかりやった結果なのです。

●できているのは10人に1人

ところが、この当たり前のことがビジネスシーンになると当たり前ではなくなります。

①いまから何を話すのかを伝えないまま、プレゼンがスタートする。

②何をゴールにするのか伝えないまま、プレゼンがスタートする。

たとえば私が預かる企業研修において、参加者に「何でもいいから3分間プレゼンをしてください」と振ったとします。私が何も言わなくても①と②いずれもしっかり伝えることができる人は10人のうち1人か2人です。

いまからするプレゼンを定義せず、ゴールも提示しないことには相手は何を説明されているのかわからないまま話を聞かないといけません。どこに向かっている話なのかもわかりません。結果、この人の話は「わかりにくい」「着地が見えない」になるのです。聞かされるほうは、それは大変でしょう……。

こんな当たり前のことを忘れてしまうビジネスパーソンを見ていると、〝もったいないな〟と思います。損をしてしまっているなと。

●良いプレゼンテーションは、数学的である

私はかつて学生として、数学の授業をたくさん見てきました。

私はかつて講師として、数学の授業をたくさんしてきました。

私はいまビジネス数学の専門家として、ビジネスパーソンの教育現場で数学的にプレゼンテ

ーションをしています。

研修やセミナーで私がするプレゼンテーションを見た参加者からは、このような言葉をよく頂戴します。

「深沢先生のプレゼンの仕方やスライドの見せ方がとても勉強になりました！」

「正直、ビジネス数学の話は知っていることばかりでした。でも、先生の説明の仕方はとても参考になりました」(苦笑)

まあ半分はリップサービスかもしれません。でも、少なからずこのようなお褒めの言葉を頂戴することは事実です。

ということは、深沢真太郎という〝数学的な人物〟がしている説明の仕方や伝え方は、もしかしたらあなたにも役立つものなのかもしれません。

良いプレゼンテーションは、極めて数学的である。

次項からはこの1行を軸にして、良いプレゼンテーションの秘密に数学的に迫ってみたいと思います。

●1000人にプレゼンするなら999人を捨てなさい

●1000人の前でプレゼンテーションするとしたら

前項で、プレゼンテーションとは何かを定義しました。

相手に伝えることで、「なるほど」と思わせる行為

ここで読者の皆さんに想像して欲しいことがあります。

いまあなたは1000人を前に自分の仕事の成果をプレゼンテーションしようとしています。会場は大きなホール。少し緊張はしているものの、投影するスライド、マイク、プレゼンのシナリオ、すべての準備はバッチリです。

1000人の聴講者があなたをじっと見つめています。さあ、いよいよプレゼンテーションのスタートです。

●相手は「特定の1人」

そこで1つ質問。そのプレゼンテーションの相手は誰でしょうか。

つまり、先ほど登場したプレゼンテーションの定義の中にある「相手」を明確に定義できているかということです。理屈っぽくて申し訳ありません。数学的な人物とは、いちいちこういうことを考えるものなのです。

「その会場にいる1000人すべて」というのが普通の答えかもしれません。

しかし、少なくとも私はそうではありません。私の答えは、「特定の1人」です。

いったいどういうことか、数学でよく使われる背理法（ある仮定をすることで矛盾を導き、その仮定が誤りであることを示す論法）を使って説明しましょう。

●全員が「なるほど」と思うことなど、ありえない

仮に私のプレゼンテーションが1000人すべてに「なるほど」と思わせることができるとします。

私のプレゼンテーションの内容は（当たり前ですが）たった1つです。そのたった1つの内容に1000人すべてが「なるほど」と思うということは、その1000人すべてが同じ価値観を持ち、同じ解釈をし、納得するポイントもすべて同じでなければなりません。そんなことがありうるでしょうか。

ありうるとしたらその可能性はたった1つ。その1000人がすべて同じ人物であるということです。明らかな矛盾。したがって、先ほど私が仮定した内容は誤りということになります。

●プレゼンテーションにおける「1対1」の原則

ですから、プレゼンテーションの内容がたった1つなら、その相手もたった1人でなければなりません。すなわち、聴講者は1000人いたとしても、どんな人に「なるほど」と思わせるのかを具体的に設定する必要があるということです。

たとえばあなたが会社の新規事業を企画する立場だとして、経営陣に新規事業の推進にGOサインをもらうためのプレゼンテーションをするとします。

聴講者は社長や役員など計10名。さて、あなたのプレゼンテーションの相手はいったい誰でしょうか。言うまでもなく社長ですよね。形式上は10名に対してプレゼンテーションしていますが、「なるほど」と思わせるべき相手はたった1人です。

同じように、たとえ聴講者が1000人いたとしても、あなたの頭の中では明確に相手が定義されていないといけません。たとえばこういった具合に。

「マーケティング担当者。数字への苦手意識が強くて悩んでいる。数値分析が簡単にできるコツのようなものがないかとビジネス書を3冊ほど読んでみたがどうにもピンとこず、意を決してセミナーに参加した30代女性」

最低限このくらいの定義がなされていないと、誰にも「なるほど」と思わせることができないプレゼンテーションになってしまうでしょう。

よく考えてみれば、私たちが普段しているプレゼンテーションは圧倒的に「1対1」のパターンです。客先の担当者に電話で説明する行為。上司とちょっと会話をして承諾をもらう行為。プライベートのパートナーに誕生日プレゼントをおねだりする行為。すべて「1対1」です。ですから私たちはどんな場面でも、プレゼンテーションの相手は1人であると認識したいものです。

●人気セミナー講師が〝開始3分以内〟にしていること

余談ですが、私も研修やセミナーのときには開始してから3分以内にその日の〝ターゲット〟を1人決めるようにしています。

開始前の雑談や自己紹介、座っている姿勢や講師に向ける目を見れば、誰が目的意識を持って参加し、誰がなんとなく参加しているかはすぐにわかります。

そもそも、参加者全員を満足させることなど絶対に無理です。ですから、「この方には満足して帰っていただこう」と決め、その方に向けて研修やセミナーを進めるのです。つまり、失礼を承知で申し上げれば、「なんとなく参加している人」は捨てるということです。形式上は参加者全員と研修をご一緒しているのですが。

しかし、そうすることで思わぬことが起こります。

相手が誰かが明確なので、使う表現や喩え、話すスピードなどに一貫性が生まれます。言葉も少なくて済みます。当然です。なにせ相手は1人ですから。

その一貫性と簡潔な伝え方が「この人の説明はわかりやすい」という評価につながります。その結果、「なんとなく参加している人」にもわかりやすい研修やセミナーになり、多くの方に「なるほど」が生まれるという構図です。

相手を絞ることで、結果的に「なるほど」は増える。

ぜひあなたも実践してみてください。

「定義」と「三段論法」を使って準備する

●「どんな伝え方がいいか」を考える

前項で、プレゼンテーションでは最初に〝相手〟を1人に定めることが重要だとお伝えしました。そこで次に考えるべきは、その〝相手〟にはどんな伝え方がいいかということです。「何を伝えるか」を考えるのは当たり前。「どんな伝え方がいいか」を考えることがとても大切です。

具体例を挙げましょう。

・元カレ
・元交際相手の男性

いずれも同じことを伝えています。しかし、その伝わり方はまったく違います。

前者は甘酸っぱい青春の香りがしますが、後者はなんだか犯罪者のにおいがしませんか。

「元カレ」は友人同士でおしゃべりしているときなど、カジュアルな場面でならまったく違和感のない伝え方です。しかし、もしその友人同士のおしゃべりの中で「元交際相手の男性」なんて伝え方をしたら、驚いてしまいますよね。

逆にニュースを読むアナウンサーが、もし番組中に視聴者に向けて「元カレ」なんて表現をしたら、とても違和感があります。私だったら、そのアナウンサーの読むニュースが途端に耳に入ってこなくなるかもしれません。

要するに、〝相手〟を定義したら、〝伝え方〟も定義しないとダメだということです。

●「TPO」×「WHO」に応じて変える

ＴＰＯにあわせて変える。

ビジネスの現場ではよく聞かれるフレーズですが、もちろん伝え方においても同様です。そして私はそこに「ＷＨＯ」、つまり相手が誰かも加味して伝え方を決めています。

たとえば朝9時からスタートする企業研修。相手は新入社員だとします。

冒頭の挨拶はもちろん「おはようございます」ですが、私なら「元気でフレンドリーなおじさん」に変身し、その日1日が楽しいものになる予感がするように挨拶をするでしょう。

たとえば午後1時からスタートする大学の授業。相手は大学3年生だとします。

私なら「こんにちは」の挨拶はシャープにし、厳しい眼差しと言葉遣いを意図的に使うことで居眠りを許さない空間をつくるでしょう。

たとえば夜7時からスタートするビジネスパーソン向けの勉強会。相手は経営者たちだとします。

私なら「こんばんは」の挨拶をゆったりソフトなトーンにします。参加者は1日お仕事をされていますから、間違いなく疲れています。耳障りな声量や過剰なパフォーマンスは厳禁。ゆったり過ごせる空間づくりが重要です。

挨拶ひとつでも、私はこのようにして伝え方を変えているのです。

●誰にでも刺さるウマい〝伝え方〟などない

前項で、プレゼンテーションは「1対1」が基本だとお伝えしました。そして本項では、その相手を具体的に定めたら、伝え方も具体的に定めるべきとお伝えしています。つまり、相手と伝え方も「1対1」でなければいけません。

「あなた↓相手A」&「相手A↓伝え方A」↓「あなた↓伝え方A」
「あなた↓相手B」&「相手B↓伝え方B」↓「あなた↓伝え方B」

数学でもよく使われる極めて単純な三段論法。つまり、相手が変われば伝え方も変わらないとウソなのです。

ところが現実はどうでしょうか。私が預かる企業研修やセミナーの休憩時間には、「誰にでも〝刺さる〟ウマい数字やグラフの見せ方ってありませんか?」(※)といった類いの質問がとても多いのです。

これは喩えるなら、「絶対にOKをもらえるようなプロポーズの仕方ってありませんか?」と尋ねているようなもの。もちろんそんなものあるわけがありません。その相手はロマンチストかどうか。サプライズは好きかどうか。単刀直入にズバッと言ったほうがよいタイプか。サラリと言うほうがよいタイプか……。

けっきょく、答えはそういう思考の結果、1つに定まるものですよね。

先ほどの質問内容(※)には、数学的に言えば「明らかな矛盾が存在する」のです。

●基本に忠実に、少しだけ数学的に

数学的な人が必ず使う「定義する」と「三段論法」という考え方。数学における基本中の基本と言ってよいでしょう。私たちビジネスパーソンは、それをプレゼンテーションする前の準備段階でしっかり使いたいものです。

ここまで、プレゼンテーションの〝そもそも〟を少しだけ数学的なフィルターを通して確認してきました。

何事もそうですが、上手に見える人はただ基本を忠実にやっているだけ。できない人などいません。基本をサボるかサボらないか、ただそれだけのことです。

「準備」も「本番」も、少しだけ数学的に仕事をしよう。

数学が得意になる必要はまったくありませんが、プレゼンテーションという行為へのアプローチはどうか数学的であって欲しいなと思います。私が本書のタイトルを『数学的コミュニケーション入門』としている理由は、こういうところにあるのです。

2　絶対に守って欲しい3つのポイント

「前提」を伝えないと最後まで聞いてもらえない

●数学は前提がないと始められない

前節ではプレゼンテーションの基本を確認してきました。

ここからはさらに実践的な内容にシフトし、あなたのプレゼンテーションがうまくいくために絶対に押さえて欲しいポイントを解説します。

まずその1つめ。もちろん数学的な視点からお伝えすることになります。

たとえば（唐突ではありますが）次のような数学の問題があったとします。

［問題］

方程式　$2x+y=6$　を解きなさい

もし私がこの問題を解けと言われたら、すぐ出題者にこう尋ねます。

「ちょっと待ってください。そもそも、この問題はどのレベルの数学的理論を前提にして出題されていますか？」

なぜなら、もし中学校までの数学を前提に考えるならこのように答えます。

[回答1]
答えられない。もう1つxとyに関する数式がないと解けない。

しかし、高等数学を前提にして考えるならば何の疑問もなく次のように答えるでしょう。

[回答2]
$x = t$、$y = -2t + 6$　（ただし、tは変数）
すなわち、解は無限に存在する。

つまり、前提を確認しなければ思考も議論も始められないということです。

数学を正しく学んだ人はそれがよくわかっています。ですから何かを論じたり説明したりする際には必ず〝そもそもの前提〟をしっかり伝えますし、逆に言えばそれが伝えられていない状態での議論や説明には「待った」をかけるのです。

●相手から最も言われたくないツッコミ

そろそろ本題に入りましょう。

再三お伝えしているように、プレゼンテーションは「数学的」でなければなりません。話し方がうまいかどうか、熱量があるかどうか、といったことも重要かもしれませんが、それよりもとにかく「数学的」であることが重要です。

では逆に、「数学的」でないプレゼンテーションをしてしまうといったいどういうことが起こるのか。次が1つの答えです。

プレゼンテーションの途中で、「ちょっと待って。そもそも……」と言われてしまう。

あなたも何度か経験したことがあるかもしれません。せっかく準備して臨んだプレゼンテーション。相手から最も言われたくないツッコミではないでしょうか。お恥ずかしい話ですが、私も大学生や大学院生の時代に数学のゼミで担当教授からよくこのツッコミをされたものです。

●〝そもそも〟という発言の真意

なぜ相手から〝そもそも〟という言葉が出てくるのか。それは、最初に伝えるべき前提や背景を共有しないままプレゼンテーションを始めているからです。

「今年は〇〇〇向けの新製品を開発し、全国的に売り出します！　マーケティング活動は……、スケジュールとしましては……」

「ちょっと待って。そもそもなぜ新製品なんて開発しようとしているの？」

「現場のスタッフが足りません。どうか人員を増やしてください！　現場は一生懸命やっていて……、中には体調を崩す者もいて……」

「ちょっと待って。そもそもなぜスタッフが足りていないのか説明して」

もしかしたら今日も日本のどこかで、このような会話がなされているかもしれません。どちらのケースも、相手に「なるほど」と言わせることができるかはかなり疑問ですね。

●〝とにかく結論から〟タイプと〝まずは前提から〟タイプ

人にはタイプというものがあり、とにかくなんでも結論から言ってくれないと嫌なタイプもいれば、そもそもの前提や背景をしっかり伝えてくれないと話を聞く態勢に入れないタイプもいます。

もしあなたがするプレゼンテーションの相手が後者だとしたら、最初に前提を情報として伝えないと、すぐに相手から〝そもそも〟という言葉が飛んでくるでしょう。そしてその言葉をもらった瞬間に、あなたが一生懸命準備したプレゼンテーションのシナリオは崩壊します。

これはサッカーに喩えるなら、試合開始30秒で失点するようなもの。ゲームプランは一気に崩れ、その心理的ダメージは極めて大きいでしょう。

最後まで聞いてもらえないプレゼンテーションの特徴。

その1つは、相手が〝まずは前提から〟タイプであるにもかかわらず、〝そもそも〟と言われてしまう設計になっているということです。

数学は、前提を伝えてくれないと解き始めることができません。

同じように、プレゼンテーションも、前提を伝えてくれないと聞き始めることができません。

やはりプレゼンテーションは、数学的でなければならないのです。

すべてのメッセージを「↓」でつなげる

●納得できる説明は接続詞＝「矢印」でつながっている

この項のキーワードは「矢印」です。

数学は計算も重要ですが、それより重要なのは論理的であることです。方程式を解く行為も、図形の面積を求める行為も、証明問題を攻略する行為も、すべて論理がないと成立しません。なんだか堅苦しい表現での説明になってしまいましたので具体例を1つ。

たとえばNという数字が偶数だとします。すると（$N+2$）という数字も偶数。なんだか当たり前のように感じますが、数学の世界ではこれもしっかり論理を使って説明します。

2は偶数である
←（さらに）
Nは偶数である
←（すなわち）
（$N+2$）も偶数である

誰もが納得できる説明とは、このように論理でつなげることで可能になります。そしてここで言う論理とは接続詞と言い換えてもよいでしょう。接続詞でつなげることができるとき、2つの間には論理が存在すると考えられます。記号で表現するならば、矢印「↓」が皆さんにはイメージしやすいかもしれません。

●「↓」でつなげられない説明とは

ではもしNという数字が偶数だとして、（N＋2）という数字が6の倍数だという説明は可能でしょうか。

2は偶数である
←（さらに）
Nは偶数である
（N＋2）は6の倍数である

もちろんそうとは限りませんよね。たとえばNが2という数字だとしたら、（N＋2）は4

ですから。つまり、2番めの矢印「↓」は存在しません。

これが、私たちの日常生活において頻繁に起こる「あれ? 話が飛んでいないか?」「ん? ちょっと待てよ」というツッコミを生む説明の一例です。

当然ながら、矢印「↓」でつながっていないプレゼンテーションでは、相手に「なるほど」と思わせることもできません。

理屈っぽい話が続きました。そろそろポイントを整理しましょう。

●三段論法とは「↓」でつなげる行為

①何かの説明をする前に、矢印「↓」でつなげる作業をしていない。
②矢印「↓」でつながっていない説明には、「?」が生まれる。
③「?」があると、相手は「なるほど」と思えない。

ここで三段論法を活用しましょう。これもまさに矢印でつなげる作業ですが、ここでの矢印を「⇓」で表現することにします。つまり、①⇓②⇓③という論理構造をつくります。

矢印「↓」でつなげていない ⇓ 相手は「なるほど」と思えない

要するにプレゼンテーションの準備段階において、キーとなるメッセージを矢印「↓」でつなげる作業をしておかないと、相手に「なるほど」と思わせることはできないのです。

●ガン保険を数学的にセールスすると

たとえばあなたがガン保険をセールスする営業マンだとします。仮にそのガン保険は、ガンの治療後5年以内の保障を手厚くしている商品だとします。お客様にプレゼンテーションする際は、その内容が矢印「↓」でつながっているかどうかをあらかじめ確認する必要があります。

いま、ガン罹患者数が増加しています
←（だから）
あなたもガンと診断される可能性は高いです
←（でも）
治療後5年間で再発しなければ、完治する確率は9割以上と言われています
←（だから）

治療後の5年間を手厚く保障する保険があなたに必要です
←（だから）
当社の保険をオススメします

すべてのメッセージが接続詞、つまり矢印「↓」でつなげることができています。実際に読んでみていかがでしたでしょうか。極めて論理的な説明になっているはずです。

●スライドも「↓」でつながっているかチェック

このような準備をすることが当たり前になるように、最後に1つだけアドヴァイスを。研修やセミナーを仕事にしている私がいつも実践していることです。

たとえばパワーポイントのスライドを作成する機会などがあれば、ぜひ作成した後のチェック事項として、すべてのスライドの前後が接続詞（つまり矢印「↓」）でつなげることができるかを確認してみてください。

あなた自身が接続詞でつなげられないページ遷移があったとしたら、それは聴き手もきっと「あれ？　話が飛んでいないか？」「ん？　ちょっと待てよ」と思うはずです。新しいスライドを加えるなり、何か対応されたほうがよいでしょう。誰でも簡単にできるトレーニング法ですから、ぜひ試してみてください。

それでは最後に本項のワンメッセージを。

プレゼンテーションは、矢印「↓」でつくりましょう。

「構成要素」をはっきりさせ、「順序」を強烈に意識する

●「前提」と「↓」から導き出される結論

プレゼンテーションがうまくいくために絶対に押さえて欲しいポイント。最後は2つのキーワードを使ってお伝えすることにします。そのキーワードとは、

「構成要素」と「順序」

第1節では、相手から「そもそも……」というツッコミをもらわないように前提をしっかり伝えないといけないとお話ししました。つまり、最初にどんな情報を伝えるかは極めて重要だということです。

そして前項では、プレゼンのシナリオは矢印「↓」でつなげていくことがコツだともお話し

しました。換言すれば、必要な要素は何か、そして2番目に伝えることは何か、3番目に伝えることは何か……と思考を巡らせることです。

つまりこの2つのポイントをまとめると、ある1つの結論に辿り着きます。

それは、「構成要素」をはっきりさせ、「順序」を強烈に意識せよということです。

●ガン保険に興味のない相手にどう売るか

たとえば前項でご紹介したガン保険のセールスロジックをもういちど確認してみましょう。

このガン保険は、ガンの治療後5年以内の保障を手厚くしている商品だとします。

いま、ガン罹患者数が増加しています

←（だから）

あなたもガンと診断される可能性は高いです

←（でも）

治療後5年間で再発しなければ、完治する確率は9割以上と言われています

←（だから）

治療後の5年間を手厚く保障する保険があなたに必要です

←（だから）
当社の保険をオススメします

あらためて、このプレゼンテーションはなぜこの順序なのでしょう。もしプレゼンテーションの相手がガン保険などに興味のない人だったら？

「ちょっと待って。そもそもガン保険なんて興味ないんですけど」

こんなツッコミをされてしまい、このプレゼンテーションを聞いてもらえない可能性があります。ですからプレゼンターは絶対にこのツッコミをさせないよう、最初に前提をしっかり伝えるべきなのです。その前提とはもちろん、「ガン罹患者が増えており、あなたもそうなる可能性は極めて高い」という情報です。

あとは矢印「↓」の通りに説明していけば、相手の心にスッと話が入っていくでしょう。

●同じ「構成要素」で「順序」を変える

ではプレゼンテーションの相手が異なったらどうでしょう。たとえばガン保険は何かしら契約しているとしても、まだ「自分ごと」になっていない若い頃に契約した保険のままだとしたら？

「ちょっと待って。そもそも私、ガン保険入っていますけど」

なんてツッコミをすぐにされてしまい、せっかく準備したあなたのプレゼンテーションが中断させられてしまうかもしれません。こういう相手なら、当然ながら順序や表現のニュアンスも変えたほうがいいはずです。いいえ、変わらなければウソです。

いま、あなたが契約しているガン保険は、治療後5年間を手厚く保障する保険になっていません

←（だから）

当社の保険をオススメします

←（なぜなら）

治療後5年間で再発しなければ、完治する確率は9割以上と言われています

←（しかも）

いま、ガン罹患者数は増加しています
←（だから）
あなたもガンと診断される可能性は高いです
←（だから）
繰り返しになりますが、当社の保険をオススメします

最初のプレゼンテーションの内容と比べてみてください。伝えているメッセージは同じと申し上げてよいでしょう。構成要素となる文章もほぼ同じものを使っています。しかし、順序はまったく異なります。

●準備のための5つのポイント

この事例は、ここまで私がお伝えしてきたことの復習にもなったのではないでしょうか。

- ・プレゼンテーションは、特定の1人に向けてする。
- ・相手が変われば、伝え方も変わる。
- ・最初に相手が話を聞くための「前提」を伝える。

・矢印「↓」でつなげてつくる。

・そのために、「構成要素」をはっきりさせ、「順序」を強烈に意識する。

そして、数学を教えている人は無意識のうちにこのような思考回路で授業の準備をしています（そのはずです）。少なくともビジネス数学の専門家である私は、研修やセミナーの準備でこの作業を欠かしたことは一度もありません。

第1節・第2節では、プレゼンテーションの〝そもそも〟と〝外してはいけないポイント〟を確認しました。

次節からは具体的なテーマを設定し、あなたに「プレゼンテーションの準備」を練習していただこうと思います。もちろん、ここまでのエッセンスをしっかり使い、数学的に準備する練習です。

3 「なるほど」と言わせるシナリオづくり

あなたの〝プチ自慢〟を数学的につくってみよう

●自分自身をプレゼンテーションせよ

第3節では、実際にテーマ設定をしたうえでプレゼンテーションの準備を練習していただこうと思います。

当然ですが、私の書いた文章を読むだけでは練習になりません。必ずあなたも自分でプレゼンテーションを設計してみてください。

まずテーマを「自分自身」とします。いわゆる「自分の強み」をプレゼンテーションする局面を考えてみましょう。言い換えるなら、あなたは〝プチ自慢〟をするということです。

もしあなたがビジネスパーソンなら、学生時代の就職活動や入社後の転職活動などで自分自身をプレゼンテーションした経験があるでしょう。

その内容が相手にしっかり伝わったか否かは、その後のあなたの人生に少なからず影響を与えてきたはずです。自分自身をしっかりプレゼンテーションできるということは、ビジネスパーソンとしてとても重要なことですね。

●あらためて、数学的な準備とは？

まずは前節の最後にまとめたポイントをおさらいします。

・プレゼンテーションは、特定の1人に向けてする。
・相手が変われば、伝え方も変わる。
・最初に相手が話を聞くための「前提」を伝える。
・矢印「↓」でつなげてつくる。
・そのために、「構成要素」をはっきりさせ、「順序」を強烈に意識する。

たとえばあなたがビジネスで成果をあげ、メディアの取材を受けるとします。イメージしやすいようにビジネス誌としておきます。もちろんあなたが〝プチ自慢〟を伝える相手はその雑誌の記者さんということになりますが、その方はあなたの仕事のことを何ひとつ知らない人物だとします。

あなたがまず考えなければいけないことは何でしょう。

もしあなたとこの記者さんとで認識のズレがあったり、前提が揃っていなかったりすると、すべてがうまく伝わりません。今回の取材は何を目的としているのか、あなたの役割は何か、つまりこの取材の定義をしなければなりません。

続いてプレゼンテーションの内容について。まずは構成要素を考えます。たとえば伝える「強み」は3つ程度に絞ってはどうでしょう。もちろん、なぜそれが強みになりうるのかも述べる必要があります。

ここまでをまとめると、今回のあなたのプレゼンテーションは次のような構成要素から成り立ち、それを矢印「↓」でつなげることで完成します。

前提の確認と場と相手の定義
↓
3つの強み
↓
その根拠
↓
結論

●たとえば私ならこう話す

準備は整いました。あとは自分自身をプレゼンテーションするだけです。

まず定義をし、前提も確認する。結論を提示し、その根拠を述べ、あらためて結論を提示して終える。数学の説明や議論で頻繁に使われる論法です。

この型で自分の強みをプレゼンテーションすれば、きっと相手の記者さんも「なるほど」と思ってくれるでしょう。そんな納得感のある話は、記者さんとしてもあとで記事にしやすいはず。あなたと相手の両者がハッピーな状態です。

ちなみに私がメディアの取材を受けるなら、たとえばこのような流れでお話をさせていただくかもしれません。

［定義・前提］

よろしくお願い致します。まず前提の確認ですが、今回のインタビューはビジネス数学の内容ではなく、私自身の人間性や強みについてお話しすればよいということで間違いないでしょうか。○○さん（相手）は文系出身で数学は苦手だということですので、専門用語は使わずにわかりやすくお伝えするつもりですのでご安心ください。

［結論］←

では早速ですが、私の教育者としての強みは主に3つあります。

端的に申し上げれば、わかりやすいと言われる伝え方、フレンドリーなキャラクター、弱者の味方、という3つです。

←

［根拠］

私は〝中学生でもわかるように〟を哲学に、教育現場ではある意味、フレンドリーなキャラクターを演じています。また、エリートを育成することよりも、数字が苦手で苦しんでいる人を救うことに強い情熱を持っています。

エリートに向けて、難解なことをシャープに論じる教育者はたくさんいます。しかし、その逆は意外と技術と人間力が要るんです。私はそこに挑戦し、結果を出してきました。

←

［あらためて結論］

つまり、先ほど申し上げました、わかりやすいと言われる伝え方、フレンドリーなキャラクター、弱者の味方、の3つが私の教育者としての強みということになります。

本章の最初で定義したように、プレゼンテーションのゴールは相手に「なるほど」と思わせることです。この私のプレゼンテーション、あなたは「なるほど」と思っていただけたでしょうか。

●練習もしないで勝とうとしていないか

私が言うまでもないことですが、練習でできないことは試合ではできません。

これは、ビジネスであろうと勉強であろうとスポーツであろうと変わらない原則です。

「自分自身」を数学的にプレゼンできない人が、ビジネスで数学的にプレゼンできるわけがありません。そして、数学的でなければ、「なるほど」は生まれません。

あなたのプレゼンに「なるほど」をつくるために、ぜひ少しだけでも練習をしてみてください。

ということで、次はあなたの番です。

まさにいまこの瞬間、あなたの強みはいったい何でしょうか。

これは誰でも必ずできる、極めて易しい練習テーマのはず。いまからコーヒーでも飲みながら、あなたの〝プチ自慢〟の内容を数学的に設計してみませんか。

「NO」を言わせない消去法プレゼン術

●企画を通すための2つのアプローチ

前項では「自分自身」をテーマに数学的にプレゼンテーションの設計をする練習をしました。まずはそれを基本と考えてください。

ただ、自分の強みをプレゼンテーションする場面はあくまであなたの〝プチ自慢〟を相手に伝えたに過ぎず、相手を説得するプレゼンテーションではなかったように思います。

そこで本項では少し難易度をあげ、このようなテーマを用意させていただきました。

自分の考えた企画を通したいとき

ビジネスパーソンならば、多かれ少なかれこのような局面はあることでしょう。自分の仕事を前に進められるか否か、やりたい仕事ができるか否か、まさに勝負どころの1つと言ってよいでしょう。

もちろんそのアプローチの正攻法は、GOサインを出させるような根拠を集めて論理的に説明することです。ゴールはもちろん「YES」と言わせること。

しかし、実はこのアプローチはあくまで相手を説得するための1つの方法論に過ぎません。

もう1つの方法論とは、「NO」と言わせないことです。

●「奇数である」ことをどう証明するか

少しだけ数学を持ち出して説明します。

たとえばNという数が奇数であることをどう証明するか。こんな単純な問題でも、アプローチの仕方は大きく分けて2種類あります。

このNという数が自然数であると定義して話を進めると、Nは奇数か偶数かのいずれかしかありません。ということは、Nが奇数であることを示すためには、次の2通りのアプローチがあるということになります。

①Nが奇数であることを示す
②Nが偶数でないことを示す

つまり、Nが偶数でないことが示せれば残るは奇数しかありませんから、必然的に奇数となります。つまり②はいわゆる消去法というわけです。理屈の話はこれくらいにしましょう。

●消去法も立派な〝勝つ方法〟

要するに、相手に「YES」と言わせるためのアプローチとして、「消去法」も立派な手法であるということです。

たとえばあなたがビジネス書の編集者だとします。あなたがベストセラーを狙って作成した企画が、編集会議で審議されます。

このとき、あなたは大きく分けて2種類のアプローチのいずれかを選択できます。

①この企画を採用すべき理由を示す
②この企画を却下する理由がないことを示す

まず基本通り、相手が誰かを定義します。メインとなるターゲットはやはり編集長でしょう。ところがこの編集長の意思決定の仕方は、Goodなところをピックアップして YESを出すタイプではなく、まずはBadなところをピックアップしてNOを出すタイプだとします。

では後者のようなタイプはどうすればYESを出すか。その答えは、Badなところがないときです。「NO」を選べない。だから、「YES」を選ぶしかないということです。

そこで本項では②、つまり消去法のアプローチを選んでプレゼンテーションの設計をしてみます。

消去法と聞くとなんだか前向きな方法論ではないように感じるかもしれませんが、私は決してそんなことはないと考えます。

たとえばあなたが選挙などで誰に投票するかを考えるとき、無意識に消去法で投票する政党や候補者を決めてはいないでしょうか。実際、つい先日トランプ氏が勝利したアメリカ大統領選挙も、「消去法の選択の結果」と評されました。

●「NO」の理由を消去していくシナリオ

話を本題に戻します。

たとえばこの編集長がNOを出す理由が主に次の3つだとします。

・著者に実績がない
・企画が時流と合っていない
・マーケットサイズが小さい

あなたがすべきは、自分の企画がこの3つの「NOを出す理由」に該当しないことを簡潔に説明することです。プレゼンテーションの流れは、矢印「↓」を使ってこのように設計します。

私の企画は進めるべきです。その理由をいまから説明します。

↓

まず、これまで編集長がＧＯサインを出さなかった企画。

その理由には大きく３つあると理解しています。

↓

・著者に実績がない

・企画が時流と合っていない

・マーケットサイズが小さい

↓

しかし、この企画はそのいずれにも該当しません。

↓

編集長としては、他に何か懸念することはございますか。

↓

もしなければ、ぜひこの企画を進めさせていただきたいと思います。

つまり、編集長がNOと言う理由をすべて消去していくのです。人間は、断る理由がなければ断れません。「YES or NO」の局面では、断れなければ許可するしかないのです。

この例をみても、やはり「なるほど」が生まれるプレゼンテーションをするためには、相手をしっかり定義し1人に絞る必要がありそうです。

それをしないと、プレゼンテーションのシナリオづくりの段階で大きな間違いを犯してしまいますから。

さて、今後あなたが上司や顧客に企画を提案する場面はいつでしょうか。その相手は、どんな理由で「YES or NO」を判断しているでしょうか。

プレゼンテーションの設計は正攻法でいくか、消去法でいくか。

さあ、プレゼンの準備を数学的に始めましょう。

「数学9割」「ハート1割」の黄金比

●プレゼンにおいて最も大切なこととは?

第3章では、プレゼンテーションというものを数学的なフィルターを通して眺めてきました。

いよいよこのテーマでは本項が最後。これまでのまとめも兼ねて、最後に私が考える「プレゼンテーションにおける最も大切なこと」をお伝えすることにします。
さっそくですが、ここまでの内容を私なりに要約すると、次の1行で表現できます。

プレゼンテーションの設計は、数学的でなければならない。

ここまでお付き合いいただいたあなたも、おそらく同じ認識ではないでしょうか。しかし、この1行がプレゼンテーションにおいて最も大切なことかと言われたら、私の答えは「NO」です。

●理路整然としたプレゼンはムカつく!?

ある企業の研修でお会いした方との雑談を1つご紹介しましょう。私（深沢）の相手を仮に島田さんとしましょう。

深沢「島田さんがお仕事でプレゼンをするときの課題は何ですか？」
島田「……やっぱり簡潔で説得力あるプレゼンかどうかですかね」
深沢「なるほど。他にはどうですか？」

島田「う〜ん、論理的に設計されていて、論理的に伝えられるかどうかとか」
深沢「たしかに大事ですね」
島田「でも……」
深沢「……？」
島田「なんか、理路整然として完璧なプレゼンは嫌なんですよね……」
深沢「どういうことですか？」
島田「う〜ん……」

この後にもう少し会話を続けたところ、この島田さんの思っていることがようやく理解できました。要するに、完璧なロジックで論破してくるような相手のプレゼンテーションはなんだか聞いていて〝ムカつく〟ということだそうです（苦笑）。

●人間は、数学的にできていない

しかし、この話を聞いて私はハッとさせられました。
私のような数学を専門的に学んだ人間やいわゆる理系出身の人、コンサルタントなど数字やロジックで会話をすることが仕事の人間は、つい「数学的であること」を武器に相手を論破したり、ときには否定したりしてしまいがちです。筋が通っていないものは悪だと思ってしまっているからです。

しかし、実際の人間社会では筋が通っていないにもかかわらず、そういった行動をしてしまうことがたくさんあります。

たとえば妻子ある相手との恋はまさにその代表でしょう。ダイエット中の人が夜中につい甘い物の誘惑に負けてしまうのもよくあること。でもそれが人間。現実は、正論だけで動くようにはできていないのです。

●1割は「あなたという人間」で味付けを

「なるほど」と言わせ、相手を動かすプレゼンテーションのシナリオづくり。

最後に1つだけ何かをお伝えするなら、私はこのメッセージを選びます。

プレゼンテーションの9割は数学的な考え方でつくる。
しかし、残りの1割はあなたのハートでつくる。
この比率が、「相手を動かすプレゼンテーション」の黄金比である。

プレゼンテーションは数学的に準備する必要がある。しかし実際の人間社会では数学的に物事が進まない場合もたくさんある。だから数学的な仕事だけでは相手に「なるほど」と思ってもらうことはできないし、その相手を動かせないし、仕事も前に進まない。ゆえに最後に結果を決めるのはおそらく残り1割のあなたの情熱や人間性であろう。そういうことです。

まるで数学の証明問題のように少しの隙もなく完璧なロジックで説明して、最後に「以上です」と言って終えるプレゼンテーションはやめましょう。ほんの1割でいいので、ぜひ「あなたという人間」で味付けをしてください。

●最後の決め手は人間としての熱量

私も研修やセミナーなどではこの「1割のハート」を極めて大切にしています。

企業に勤めていた頃にうまくいかなかったこと。起業しても食えない時代があったこと。そんな自分がそれでも「うまくいかない」と悩むビジネスパーソンに役立ちたいと思っていること。自分が提唱したビジネス数学というコンテンツの可能性を心から信じていること。だからどうしても伝えたいと思っていること。

最後はそういった人間としての熱量が決め手となり、「この人の言うことを聞いてみよう」「この研修の内容を実践してみよう」「俺もやってみよう」と思っていただき、実際に動いてくれるのです。

そういう意味で、私が年間100回近く行っている企業内研修や大学の授業などでしている行為はまさに「9：1」のプレゼンテーションなのですね。

私にできて、あなたにできないなんてことはありません。

しっかりあなたのハートを込めて、素敵なプレゼンテーションをしてください。

第4章　数学的な話し方

——わかりやすく説明する技術

1 「わかりやすい説明」って、なんだ？

「話が長い人」が見落としているたった1つの事実

●すべての仕事は「伝える」で終わる

数学的コミュニケーション入門と題して、これまで大きく3つのエッセンスをお伝えしてきました。

・定量化すること
・グラフを使うこと
・プレゼンの設計をすること

しかし、本書はあくまでコミュニケーションが主題。大切なテーマがまだ1つ残っています。そう、「伝える」です。あなたがどんな仕事をしていても、けっきょく最後にしていることは「伝える」ではないでしょうか。

まず手元に数字を用意する、あるいは自分でつくる
↓
伝わりやすいようにグラフなども使って準備する
↓
「なるほど」と思ってもらえるように説明の仕方を考える

たいていの仕事はこの流れで進むはずです。すべて本書でお伝えしてきたことです。そしてこの後にすることは1つ。上司や部下、お客様などにわかりやすく伝えることです。

そこで本書の最後のテーマを「わかりやすく説明する」とし、あなたがビジネスの現場で結果を出せるためのエッセンスをお伝えしていこうと思います。

●「丁寧でわかりやすかった」の正体とは

あらためて、私はビジネス数学の専門家です。ビジネスパーソンを数字や論理に強くさせるプロフェッショナルです。そんな私がなぜ「伝える」というテーマであなたにメッセージをお伝えできるのでしょう。

ここから少し「手前味噌」な話になりますがご容赦ください。

私の登壇する研修やセミナーの感想や事後アンケートで圧倒的に多いコメントがあります。

「丁寧でわかりやすかったです」

なんだそんなことか、と思われるかもしれません。しかし伝えるという行為に関してこれはとても重要なことではないでしょうか。

もし相手が「丁寧でない」と感じたとしたら、それはその相手が自分のことを「雑に扱われた」と感じたということです。いわゆる接客という概念をイメージしていただくとわかりやすいかもしれません。

もし相手が「わかりにくかった」と感じたとしたら、それはその相手に不快感を与えたということです。たとえば、わかりにくい数学教師の説明をあなたがイイ気分で聞けるとは思えません。

「丁寧でわかりやすかったです」と言われるような説明。できないよりはできたほうがいいと思いませんか。そして私はそのためのコツを経験で知っています。それをあなたに伝えたいのです。

●忘れてはいけない大前提

ではまず、「伝える」についての大前提を1つ押さえておきましょう。2行で表現すると、こうなります。

人は、他人の話を聞きたいとは思っていない。
でも、自分に必要なことだけは聞きたい。

特別な状況を除けば、人は自分が話したいという欲求は大きいけれど、誰かの話を聞きたいという欲求は小さいと思います。学術的な根拠はないのであくまで私の主観によるものです。しかし、あなたにも思い当たる節があるのではないでしょうか。

たとえばかつての数学の授業を思い出してみてください。先生が難しい理論を延々と説明しているとします。聞いているあなたは不快感でいっぱいのはずです。そしてあなたの感情は「要するになんなのかを教えてよ。どうすれば正解を出せるのかだけ教えてよ」ではないでしょうか。その考え方の是非はさておき、伝える相手の感情とはこういうものなのです。

このように人は「伝える」というテーマにおいては、極めて「ワガママ」な考え方をしています。まして忙しいビジネスパーソンであれば、そのワガママ度はさらに高くなることでしょう。

では、そんなワガママなビジネスパーソンに向けて何かを伝えなければならないあなたは、普段からどう「伝える」という行為を考えたらよいでしょうか。どう考えても、答えはこれしかありません。

相手が伝えて欲しいことだけを、簡潔にわかりやすく伝える。

本項のポイントは、そもそも相手はあなたの話を聞きたいとは思っていないという大前提を忘れないということ。このワンメッセージです。

それを忘れてしまう人が、典型的な「話の長い人」「何が言いたいのかわからない人」「話しながら自分だけ気持ちよくなってしまう人」なのです。気をつけましょう。自戒を込めて。

「わかりやすい話」は夫婦のジョギングである

●何かに喩えると本質が見えてくる

本章のテーマである「わかりやすい話」に限りませんが、物事の本質を知るためには別の何かに喩えることが有効です。

たとえば「残業」についてこれをやってみましょう。「残業をなくそう！」という言葉はいつの時代も飛び交っています。にもかかわらずそれが減ることはなく、企業戦士は疲弊し続けています。いったいなぜなのでしょう。

私は「残業」を「グラスに水を注ぎ続けている状態」と喩えてみます。グラスには容量があります。その容量を超えた水量を注げば水があふれます。そこに水を注ぎ続けても、いつまでも水はあふれるだけです。小学生でもわかる論理ですね。

ではは水があふれる状態をなくすためにはどうしたらよいでしょう。答えは極めてシンプル。グラスの中にある水を捨てる。水を注ぐのをやめる。できればその両方、少なくともどちらかの行為をしなければ、水があふれる状態は解消できません。「残業」もこれとまったく同じではないでしょうか。

・捨てるべき既存の仕事を、捨てる
・必要ない新規の仕事は、断る

すべきことは、どう考えてもこのふたつです。

●残業問題の本質とは?

「そんなことはわかっています。でも現実にはそれができないんですよ。会社の環境が悪いんです」という声が聞こえてきそうです。私もかつてサラリーマンとして戦った1人ですから、その気持ちはよく理解できます。

しかし、先ほどの2行はこのように解釈もできるのではないでしょうか。

本当に必要な仕事に集中する勇気と自信がない。

あなたの上司もその勇気がないからいろんな仕事を与えてくる。あなた自身もどの仕事が本質なのかが判断できないので、捨てる勇気が持てない。

要するに「残業」という問題の本質は、組織や仕組みの問題である以前に、選択と集中ができないという、いち個人の「勇気」と「思考」の問題だとも考えられます。

●夫が自分のペースで走ってしまうと……

前置きが長くなりました。では、「わかりやすい話」の本質を摑むために、何か別のものに喩えてみましょう。あなたなら、どんなものに喩えられると思いますか。さっそくですが、私の答えは「夫婦のジョギング」です。

夫婦でジョギングをしていると、体力のある夫がどうしてもペースが早くなりがちです。そこで夫が妻に気を遣ってペースを緩めたりいったん立ち止まったりしなければ、妻はどうなるでしょう。夫についていくのがやっと。周囲の景色を楽しむ余裕などまったくなく、ただの疲れる行為になってしまいます。もうジョギングなんてやりたくないと思ってしまうかもしれません。

「話す」もこれと同じです。伝える側がペースを意識したり、ときには間をとったりしない、つまり自分のペースで勝手に話してしまうと相手はどうなるでしょう。伝えられる側はそれについていくのが大変です。その人の話を聞くことがとても疲れる行為だと認識してしまい、最後はウンザリしてしまうかもしれません。

人間はこういうときに「この人の話はわかりにくい」「この人、何が言いたいのかよくわからない」「この人の話、長いな……」と思うのです。

●相手がついてきているか気遣いながら

「あの人の話はわかりやすい」と言われる人は、(私が知る限り)例外なく話し方が〝夫婦のジョギング〟です。ちょっと前に進み、相手がついてきていることを確認してからさらに前に進みます。ついてきていないと気づいたら、立ち止まって「大丈夫?」と声をかける。そういう気遣いをしながら話をしているのです。

あなたがかつて数学の授業でお世話になった先生を思い出してみてください（思い出したくない方もいるのかもしれませんが……）。

もしその先生の授業が「わかりやすい」ものであったとしたら、間違いなくその先生は「夫婦のジョギング」のように説明していたはずです。

一方、「わかりにくい」ものであったとしたら、おそらくその先生は生徒のことは置いてきぼりにして、自分のペースで数学の問題を楽しそうに説明していただけではないでしょうか。気持ち良くなっていたのは先生自身だけでしょう。

●苦手な人が多い学問を説明できる人

ビジネスパーソンの話し方というテーマにおいて、「お手本は誰か?」と尋ねられたら私は迷わずこう答えます。

「わかりやすい数学教師」をお手本にしなさい。

数学は一般的にも苦手意識の強い人が多く、実際に説明にも技術が必要な学問です。そんな学問をわかりやすく説明できる先生は、間違いなく何かが優れているのです。

でも、ビジネスパーソンであるあなたの周囲にそんな人物がいるでしょうか。おそらくいないでしょう。このような理由もあり、私が発信者となってビジネスパーソンの皆さんに研修やセミナー、連載や書籍などを通じて「数学的に話す」ことを提唱しています。あなたが本章を読むメリットはそこにあります。

次項からはより具体的に数学的に話す技術についてレクチャーしてまいります。

「接続詞＋1秒の間」のテクニック

●接続詞を使うべきときに使う

前項のキーワードは「夫婦のジョギング」でした。自分のペースでどんどん話をしてしまうと相手はついていくのが大変。だから相手のことを考えてペース配分しなければならないということです。

ではそれだけ意識できていればあなたは常に「わかりやすい説明」ができるかというとそうではありません。いくつかテクニックが必要になります。

そこで本項ではそのテクニックをまず1つご紹介することにします。

とはいえ、それはテクニックと呼ぶほど大層なものではありません。誰でも知っている言葉を使うべきときに使う。それだけです。その言葉とは、接続詞です。

●「接続詞」で話の進行方向を教える

まずは代表的な接続詞を並べてみましょう。

「なぜなら」「さらに」「しかし」「ゆえに」……

私たちはこのような言葉を文と文とを接続するときに使います。実はこれらの言葉にはもう1つ重要な役割があります。それは、相手にあなたの話の進行方向を教えることです。例を挙げましょう。

昨年は売上が下がった。なぜなら、（　　　　　　　　）

昨年は売上が下がった。さらに、（　　　　　　　　）

昨年は売上が下がった。しかし、（　　　　　　　　）

昨年は売上が下がった。ゆえに、（　　　　　　　　）

それぞれの括弧（ ）の中にどんな意味合いの文章が続くか、想像してみてください。「なぜなら」であれば次にその理由を言うのだろうと推測できないでしょうか。

昨年は売上が下がった。なぜなら、不景気だったから。
昨年は売上が下がった。さらに、利益も下がった。
昨年は売上が下がった。しかし、競合他社も同様だった。
昨年は売上が下がった。ゆえに、今年は社員教育に力を入れる。

このように、聞き手は接続詞の内容で次に相手が伝えることがどんな内容かを推測できます。「なぜなら」であれば次にその理由を言うのだろうと推測できる。そこで相手が理由を伝える。自分の推測した通りの内容を伝えてくれる。だから、その話を「わかりやすい」と思える。あらかじめ進行方向を教えてあげて、その通りに事が進む。これなら相手もストレスを感じないでしょう。これが、「わかりやすい説明」の正体なのです。

●数学の構造は「文＋接続詞＋文」

プライベートの会話はどうかわかりませんが、少なくともビジネスにおけるコミュニケーションはほとんどがこの「文＋接続詞＋文」で成り立っています。

そして、あなたはかつてこの構造で論述していく練習をちゃんとしています。実はそれが数学の授業なのです。たとえば次の説明を読んでみてください。

Aは奇数である。さらに、Bも奇数である。ゆえに、（A×B）も奇数である。

誰でもわかる数学の論理ですが、「さらに」「ゆえに」という接続詞を使ってこれ以上ないほどわかりやすく説明しています。説明の構造も「文＋接続詞＋文＋接続詞＋文」になっています。

なんだか〝理屈っぽくてイヤ〟と感じるかもしれませんが、ぜひあなたにもこのような数学的な構造を意識してビジネス会話をして欲しいのです。なぜなら、ビジネスでは「わかりにくい説明」「論理的でない説明」はほとんどが悪いと評価されるからです。

そのためにすることはとても簡単。冒頭でお伝えしたように、接続詞を使うべきときに使う。ただそれだけです。

●接続詞を言ったら、必ず「間」をとれ

さらにもう1つコツをお伝えします。いわゆる「マシンガントーク」にならないために、接続詞を使うときはいったん話を止めるのがコツです。ほんの1、2秒で構いません。その間があると相手は接続詞を聞いて次の話の方向を認識できます。そのタイミングで、あなたは次の話を始めるのです。

これは夫婦のジョギングで言えば、夫がいったん立ち止まって妻がついてきているかを確認する作業と同じことです。言い換えれば、数学的な構造を意識してしっかり接続詞を使い、そこで間をとる話し方さえすれば、必然的に「夫婦のジョギング」のような話し方になっているはずなのです。

私は研修やセミナーの場ではこの話し方を徹底しています。そのせいかはわかりませんが、参加者から「説明がわかりにくい」と言われたことは一度もありません。「丁寧すぎるかも」と言われたことはありますが（苦笑）、それで困る人はおそらくいません。

「わかりやすい説明」のキモは、接続詞にある。

まずは騙されたと思って、日々のビジネス会話で接続詞を口から発してみてください。少しずつ数学的な話し方に変わってくるでしょう。

ただし、プライベートな時間までそんなことを考えていたらストレスになってしまいます。休日などは遠慮なくスイッチをオフにしましょう。「気持ち」だけではなく「話し方」もオンとオフで切り替えられたら、一流ですね。

●着地点を探しながら話していないか「あれ？ ワタシ何が言いたいんだっけ？」とならないために

たとえばあなたが上司へ何かを説明するとします。想定外の質問に出くわし、心に余裕がなくなったあなた。一生懸命、説明しているつもりだが、どうにも上司には伝わっていないように感じる。焦る気持ちも手伝って、だんだんと自分が何を言っているのかわからなくなる。気づけば、自分は話の着地点を探しながら喋っていた……。

ビジネスパーソンならこのような経験は誰しも心当たりがあるでしょう。恥ずかしながら、かつての私もそんな経験をした1人です。

しかし、着地点を探しながら話すという行為は、喩えるなら着地点がどこにあるかわからない状態で上空を飛んでいる航空機のようなもの。待ち受けているのは悲劇だけ。それほど、絶対にあってはならない行為だと思います。

「あれ？　ワタシはいったい何が言いたいんだっけ？」

もしあなたがそう思いながら話をしているときがあったら、間違いなく相手もこう思っているはずです。

「この人、いったい何が言いたいんだろう？」

●着地点を決めたら、そこまで1本の線を引く

当然ながら「着地点」を決めずに話し始めれば、その話は着地しません。極めて単純な論理です。そして忙しいビジネスパーソンはこのようなコミュニケーションを最も嫌います。本節のテーマである「わかりやすい」とはほど遠い状態ですね。

ですからあなたにとって大切なことは、話し始める前に「着地点」をしっかり決めておくことです。極端に言えば、「着地点」を決めないうちは話し始めないでください。

着地点が決まれば、その着地点に降りるための事実Aが必要になります。それを説明するた

めの事実Bも必要です。それを説明するための事実Cも必要でしょう。それらを1つのルートとしてつなげておけば、あなたが話すべき内容は着地点まで1本の線でつながった状態になるはずです。

抽象的なので例を挙げます。たとえばあなたが上司に対して、「新規事業の推進についてアドヴァイスをもらいたい」を着地点に話をするとします。

このとき、あなたがする話は次のようなルートを辿るでしょう。なんだかまるで数学の証明問題を解くかのような論述だとは思いませんか。「着地点」はもちろん、証明するべき結論です。

事実C（私はいま、新規事業の推進で悩んでいる）
←
事実B（なぜなら、未経験だから）
←
事実A（そこで、経験豊富な上司を頼りたいと思っている）
←
着地点（だから、新規事業の推進についてアドヴァイスをもらいたい）

●「脱線」しても戻ってこられるようにする

このルートさえしっかり摑んでおけば、たとえ上司との会話が脱線したとしても、またこのどこかに戻ってくることができます。

しかし、このような話し始める前のちょっとした準備を怠ると、いざ話し始めてから「戻る場所」がないので迷路に入ってしまいます。仮に迷路に入ったとしても、目印があればもとに戻ることもできるでしょう。その目印が、この例ではA、B、Cといった概念なのです。

BからAに向かうときに迷路に入ったなら、またBに戻ればいい。どうにも会話が嚙み合わない、あるいは自分自身が混乱してしまった場合はCに戻って最初からスタートすればいいではありませんか。

あなたが「この人、いったい何が言いたいんだろう？」と思われないためには、話し始める前にするべき〝数学的なひと手間〟を惜しまないことです。

●〝ウィンドウショッピング〟をしてはいけない

余談ですが、一般的に女性はウィンドウショッピングが好きだと言われています。男性である私も決して嫌いではありません。ただ、パートナーと一緒に街に出たものの、あらかじめ何を買うのか決めずにただなんとなくブラブラと店を巡るのに付き合うのは正直申し上げて苦手です。

なぜかというと、何が買いたいのか決まっていなければそもそも買い物という行為は成立しないと私は考えるからです。論理的に言えば、着地点を決めないまま始まった話をダラダラと聞かされていることと同じことです。わかっています。理屈っぽいですよね。女性に嫌われる男性の典型的な思考回路かもしれません（苦笑）。

でも一方で、この考え方はビジネスにおいては極めて重要ではないでしょうか。ビジネス会話において、「ウィンドウショッピング」はしてはいけません。それはプライベートで存分にお楽しみください。

2　説明が劇的にわかりやすくなる3つのポイント

なぜ〝中学生でもわかるように〟話さなければならないのか

●目指すべき姿を具体的にする

第4章では「わかりやすい」の正体をお伝えしてきました。意外にも数学的な要素があることもご理解いただけたと思います。

そこで、ここからもうワンステップ先に進みましょう。実際にあなたが「あなたの説明はいつもわかりやすいですね！」と言われるために、押さえておくべきポイントを解説していきます。

まずは、「わかりやすい」をもう少し具体的に言語化したいと思います。何事もそうですが、理屈がわかっていてもすぐにできるようにはなりません。目指すべき姿をできるだけ具体的にすることが重要です。

たとえば金メダルを目指すマラソン選手は目標タイムを明確にして日々のトレーニングをするはず。数字を使ってこれ以上ないほど具体的な目標を設定します。まさか「とにかく世界中でいちばん速く走るぞ！」なんて曖昧な目標設定はしないですよね。金メダルの〝理屈〟としてはその通りですが。

●キーワードは「中学生」

そこで考えてみます。何をもって「わかりやすい話」とするのかと。目指すべき姿を何にするのかと。

難しい問題ですが、私は研修講師や著者として活動してきた経験をふまえ、この問いに絶対的な答えを持っています。そしてその答えはどんなビジネスパーソンにでも当てはまるものだと確信しています。

「わかりやすい話」＝「中学生でもわかる話」

あまり意外性のない答えかもしれません。しかし、この1行が正として考えると、いろんなことが腑に落ちます。主な理由を3つ挙げましょう。

●なぜ「中学生でもわかる」にこだわるのか

［理由1］

たとえばよく言われる「専門用語はできるだけ使うな」という言説。人は、知らない言葉が出てくるとどうしても「？」という感情になります。中学生でもわかるくらいの言語で説明できたら、ビジネスパーソンが「？」という感情になる可能性は極めて低いでしょう。

［理由2］

また、もしあなたが80歳の方に向けて何かを説明するとしたら、どんな伝え方になるでしょう。おそらく子供に向けて話をするかのように、ゆっくりと簡単な言葉で伝えるのではないでしょうか。高齢化が進む現代。話し方の基本は、ますます「中学生でもわかる」になるでしょう。

［理由3］

さらに言えば、ビジネスシーンでは高卒の方もいるでしょう。しかし、義務教育は修了しているはず。すなわち、「中学生でもわかる」ように話せば、すべてのビジネスパーソンにきちんと伝わるということです。

要するに、「中学生でもわかる」を目指すことは、「誰にでもわかる」を目指すということ。誰にでもわかるように話せる人は、ビジネスコミュニケーションにおいて誰も不快にさせない人。誰だって、そんな人から話を聞きたいと思うものです。

●なぜ池上彰さんの話はわかりやすいのか

たとえばわかりやすい例がジャーナリストの池上彰さん。池上さん個人に対する「好き・嫌い」はここでは関係ありません。あくまで「わかりやすい話」という観点では、池上解説はビジネスパーソンのお手本と言っても良いでしょう。

なぜ池上さんの説明はわかりやすいのか。それは、本章でお伝えしてきた数学的に話す技術を（ご本人はそんな意識はないと思いますが）どんなときもされているということ。

そしてもう1つが本項のテーマでもある「中学生でもわかる」を徹底されているということです。ご存じの方も多いと思いますが、実際テレビ番組などで視聴者に向けて、政治や経済のことを子供でもわかるように嚙み砕いて説明されています。

その他、私から見て話し方が数学的であり、かつ「中学生でもわかる」を実践されている著名人としては、政治家の小泉進次郎さん。予備校の現代文講師である林修さんなどでしょう。

著名人ゆえに彼らが話している姿はインターネットなどでも動画で確認することができるは

ずです。ぜひチェックしてみてください。

●考えず、とにかく真似ろ

何事もそうですが、苦手なことを克服する最も有効な方法は決まっています。お手本を見つけ、その人がしていることを真似る。ただこれだけです。

先ほどご紹介した「お手本」は着地点のないダラダラした話はしていないはずです。接続詞と問を上手に使い、聴き手がついてこられるよう話しているはずです。あれこれ考えず、素直に真似てみましょう。

最後に、あらためて自問自答してみてください。

昨日、あなたが朝礼でしたスピーチ。あなたが客先でした営業トーク、あなたが後輩にした説明。

もし相手が中学生だとしたら、どんな説明をしただろうか。

もし相手が80歳の方だとしたら、どんな説明をしただろうか。

次項ではさらに踏み込んで、「中学生でもわかる」ための話し方について具体的な手法をお伝えします。

伝える相手に〝箱〟を用意してあげる

たとえあなたがビジネスパーソンであっても、相手には中学生でもわかるように伝えることが重要である。前項でお伝えしたポイントです。

●「下駄箱」がない状態を想像してみる

そこで本項ではそのための具体的なテクニックをお伝えすることにします。もちろん私も研修やセミナーで参加者に何かを伝える際に必ず使っていることです。

まず想像してみて欲しいことがあります。たとえば学校にある「下駄箱」にしましょう。下駄箱が10個あったとします。普通に考えれば、靴を10足だけ入れることができます。しかし、もしこの下駄箱がなかったら、その10足の靴は整理されていない状態で適当に並べられたりすることになるでしょう。もしかしたら、自分の靴をどこに置いたか忘れてしまうかもしれませんし、誰かの靴と間違えてしまうこともあるかもしれません。

何が申し上げたいかというと、箱があるということは整理された状態を創り出せるということ。換言すれば、箱がない状態は整理されていない状態であり、不便なことや最悪の場合は事故が起こることもあるということです。

●なぜ最初に「理由は3つあります」と伝えるのか

私は「中学生でもわかるように」伝えるためには、整理されていることが重要だと考えています。整理された状態で伝える。間違っても整理されていない状態のものを伝え、相手に整理させるようなことは絶対にしてはならないと。

ならば、伝える側は整理された状態、つまり〝箱〟を用意してから伝えることが重要ではないでしょうか。

抽象的なので具体例を挙げましょう。

たとえば私は前項で、「わかりやすい話」＝「中学生でもわかる話」の理由を3つ挙げていますが、その3つを伝える前にまず「3つありますよ」と読者に伝えています。実はこれ、読者の心の中に3つの箱をつくる行為なのです。

読者は私の言葉から、「ああ、3つあるのね」と勝手に心の中で3つの箱を用意します。そこに私が3つの理由を述べていきます。用意した3つの箱に、ピッタリ同じ数の3つ（当たり前ですが）の理由を収めていくのです。不足や過剰もなく、スッキリしていて気分もいいですね。

もし私が述べた理由が2つ（あるいは4つ）だとすると、おそらく読者は「??」という感情になるでしょう。

図表4-1　4つの〝箱〟の板書

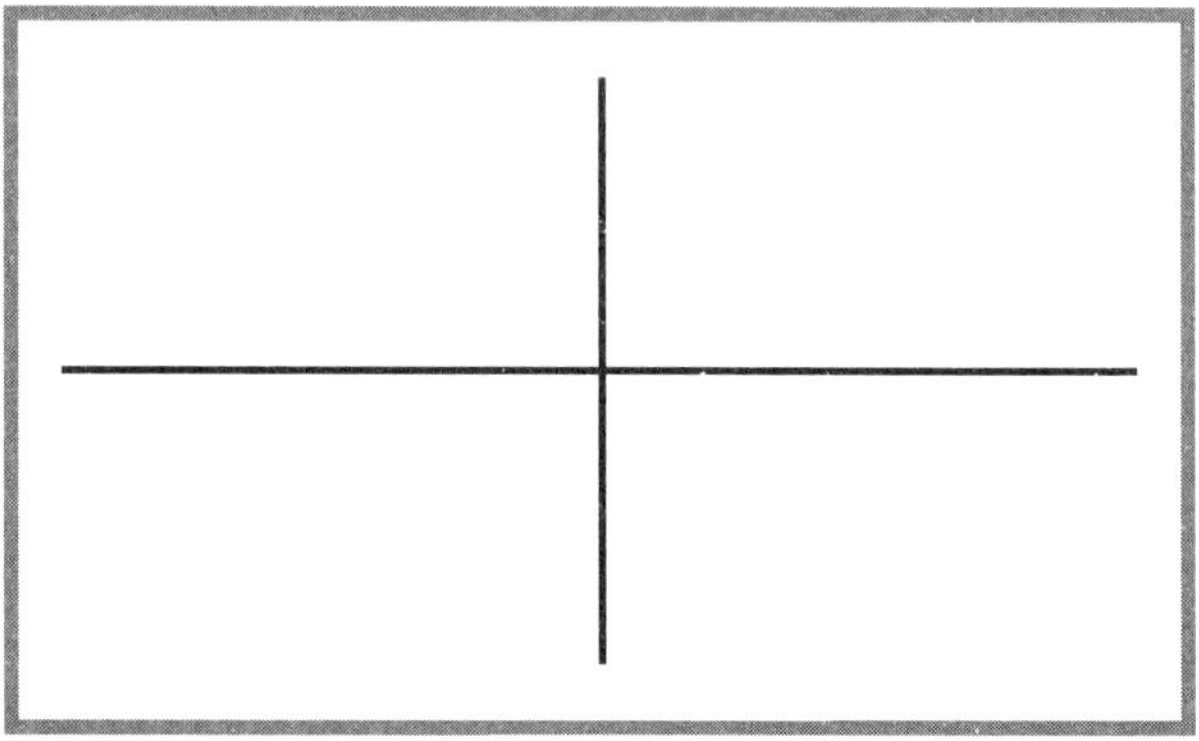

●ホワイトボードを数学的に使う

私が伝える相手に〝箱〟を用意してあげるのは、口頭で伝えるときだけではありません。研修やセミナーでたまに行う「板書」においても同様のことをしています。

たとえばホワイトボードを使って何かを整理して伝えたいとします。私はまずこのように4分割して見せます（図表4-1）。もしかしたらあなたもかつての数学の授業や、論理思考の研修などでこのような4分割を見たことがあるかもしれません。

すると、この板書を見た参加者は勝手に「ああ、何かを4つに分けて整理するんだな」とイメージするでしょう。そこで私がその通りの説明をします。

この板書を4つの〝箱〟と思えば、私がしていることは先ほどの3つの理由を説明する行為とまったく同じです。

図表4-2　〝箱〟に整理する

	満足している	満足していない
続けたい		
続けたくない		

↓

	満足している	満足していない
続けたい	40	140
続けたくない	20	100

●「スッキリ整理された状態」＝「箱の中にすべて収まった状態」

もう少し具体的な話をしましょう。たとえば私が次の一文を口頭で伝えるとします。

「ある調査会社が３００名の未婚女性にリサーチしたところ、結婚してからも仕事を続けたいと思っている人は60％でした。また、いまの職場に満足している人はわずか20％だそうです。ちなみに続けたいとは思っておらず、しかもいまの職場に満足していない人はピッタリ１００人いたそうです」

そのまま口頭で伝えても相手は〝わかる〟かもしれませんが、私なら先に図表４-２のように板書してしまいます。そして表に数字を入れていきながら話をするでしょう。これもまた、先ほど説明した３つの理由を説明する行為とまったく同じです。お気づきかと思いますが、この表がまさに〝箱〟の機能を担っているのです。

そして、できあがった表はまさにスッキリ整理された状態。この下駄箱のような状態を見せてあげれば、誰でもこの文章の内容が完璧に理解できるはずです。もちろん中学生でも。

話をする前に相手の心の中に〝箱〟をつくる。何気ないこのひと手間は、実はとても数学的な行為なのです。

あなたも明日の会議や客先でのプレゼンの場などでぜひトライしてみてください。その説明は「とてもわかりやすかったよ」と好評なはずです。

相手がピンとくる「喩え」で伝える

●ピンとくる話・こない話はどこが違うか

あなたの説明が劇的にわかりやすくなるためのポイント。ここまで主に「論理的」であることを重要と伝えてきました。

もちろんその通りなのですが、一方で人間は「論理的」よりはどちらかというと「直感的」な生き物ではないでしょうか。

話の内容が「ピンとくる・ピンとこない」の差は、この人間の直感的な面にも大きく左右されると考えます。

そこで3つめのポイント。それは「喩える」です。説明しにくいもの。伝わりにくいもの。

それをわかりやすくするために私たちは「喩え」を使います。
実際、私も本章の中でいくつも「喩え」を使っています。

相手のことを考えて会話のペース配分をする↓「夫婦のジョギング」
着地点を決めないまま話をする↓「ウィンドウショッピング」
残業↓「グラスに水を注ぎ続けている状態」

いかがでしょう。思い出していただけましたか。このちょっとした工夫は当然ビジネスコミュニケーションにおいても大切です。

●通勤電車が運転見合わせになったら?

研修やセミナーが主な活動となっている私も、現場では当然ながらこのポイントを強く意識して話をするようにしています。
たとえば「数字を使ってビジネスコミュニケーションするべき」ということを参加者にどう使えるか。私ならこのように伝えるかもしれません。

「あなたが利用している通勤電車が何らかのトラブルで運転見合わせになったとします。復旧までどのくらい時間がかかるか、あなたはいますぐにでも知りたいはずです。しかし、鉄道会社はまったく見込みをアナウンスしない。当然あなたは苛立つでしょう。他社線の振替輸送を利用するべきか、判断することもできません。数字を使わないビジネスコミュニケーションというのは、つまりそういうことです。あなたは現場で似たようなことをしていないでしょうか」

その人がピンとくる喩えで伝える。ちょっとした工夫をするとしないとで、同じことを話しているのに「わかりやすい」と「わかりにくい」という差が生まれてしまう。とてももったいないことだと思います。ぜひあなたも、日々のビジネスコミュニケーションにおいて、次のような視点を持っていただきたいと思います。

この相手には、どんな喩えで伝えてあげようかな。

●相手によって「喩え」を変える柔らかさ

ただし、すべての相手がピンとくる喩えなど存在しません。ですから相手によってその喩えを変える柔らかさを持つことが大切です。

少し練習をしてみましょう。たとえば組織のリーダーを務めるビジネスパーソンに対してこのような主張を伝えたいとします。

「人はそれぞれ違う。だからそれらを比べても意味がない。組織のリーダーは、異なる個性をいかにうまく使うかが重要である」

もしあなたが出版業界の人物にこの主張を伝えるなら、どんな喩えで伝えるでしょうか。あなたが伝えたい事実と同じ構造をしていて、かつ相手がピンとくるものを探してみてください。

ちなみに私ならこのような喩えで伝えるでしょう。

〈紙の書籍〉と〈電子の書籍〉

「インターネットなどではよく〈紙の書籍〉と〈電子の書籍〉を比較する分析や論述を目にしますが、私はその議論には意味がないと思っています。なぜなら、そもそも〈紙の書籍〉と〈電子の書籍〉はまったく違うものであり、比べることに意味がないと考えるからです。むしろそれぞれの個性を活かし、うまく組み合わせてビジネスに活用することを出版社は考えるべきではないでしょうか」

つまり、先ほどの組織のリーダーの話とまったく同じ構造をした喩えということになります。

●数学は「喩える技術」を学ぶ学問でもある

なぜ私は話をする際にこのような喩えがすぐに思い浮かぶのか。それは、かつて学んだ数学の影響によるものです。

たとえば微分という概念は「登山」や「ボールの落下」といった喩えで説明できます。群という概念は「あみだくじ」を喩えにして説明できます。確率論で登場する期待値という概念は「宝くじ」を喩えにして説明できます。

(微分、群、期待値などは少々専門的な概念になります。本筋から外れてしまうのでここでは数学の専門的な解説は省きます)

要するに、私は数学という学問を通じて相手がわかりやすく、かつ同じ構造をしているものを探して相手に伝える行為を体験してきているのです。

でも安心してください。あなたがもしかつて数学が苦手だったとしても、いまから「数学的に話す」ことは簡単にできるようになります。本章でお伝えしていることを素直に実践する。

ただそれだけです。ぜひチャレンジしてみてください。

「相手がわかりやすいものに喩える」という行為は極めて数学的。私が提唱するスキルを「数学的に話す」とネーミングしているのは、そういう意味もあるのです。

3　ヒントはすべて数学の教科書にある

「数学の教科書」は、話し方の教科書でもある

●題材は「数学の教科書」

あらためて、「わかりやすい」ということはとても大切なことです。「わかりにくい」は人に不快をもたらします。誰もハッピーではありません。それは子供であれ大人であれ、日本人であれ外国人であれ、すべての人に共通することでしょう。

本章も残りわずかとなりました。これまではどちらかというとテクニック的なことを主題にしてきましたが、本項からはこの「わかりやすい」の本質に迫り、その正体を明らかにしてきたいと思います。

そのために1つ題材を用意します。「数学の教科書」です。本書を読まれているあなたはおそらくビジネスパーソンですので、お手元にそれはないはずです。学生時代を少し思い出していただく程度で結構です。

●最初に何が書かれているか

たとえば三角形の面積を求める方法を勉強するとします。教科書にはまず何が書かれているでしょう。いきなり例題が書かれているでしょうか。いきなり演習問題が掲載されているでしょうか。

そうではなく、なぜその勉強をするのかといった前提の説明、そしてそもそも三角形とは何かをしっかり定義しているはずです。そしてその後に具体的な解き方の例題。その後に確認問題、そして実践的な演習問題、といった流れで教科書は構成されています。

私たちはこれを当たり前だと思います。しかし、何かを説明する際にこのような「流れ」の存在は極めて重要ではないでしょうか。まして文字やイメージ図なども見せることができない「空中での会話」といった局面ではなおさらです。

つまり、数学の教科書はこれ以上ないほど「わかりやすい」に導けるように構成されているのです（実際にその数学の授業がわかりやすいかどうかは教育者の技量に依るわけですが）。

●商談相手の1人が遅れてきたら？

ビジネスシーンに置き換えて説明を続けます。たとえばあなたが営業マンで得意先に商談に出向くとします。面談相手は担当者とその上司の2名の予定。ところが、その上司は少しだけ遅れて商談に参加するそうです。

こんなとき、あなたはまず担当者1人に対してご挨拶から前提の説明へと会話を進めるでしょう。ところが10分後、ようやくその上司が商談の席にやってきます。さて、あなたは会話をどう展開しますか。

もし私ならまたあらためて最初からご挨拶をし、前提の説明などをするでしょう。なぜなら、それを省いてしまうとその上司はこの商談の「そもそも」や「目的」といったことが把握できておらず、会話の中でおそらく「？？」と感じるポイントが生まれてしまうからです。

●「kissを意識しよう!?」

プライベートでの会話でも、似たようなことはないでしょうか。たとえばあなたの友人がいきなり「やっぱりｋｉｓｓを意識することが大切ね」などと言ってきたとします。ビックリしてしまいますね（笑）。

何の前触れもなく、前提を説明することもなく、いきなりこんなことを言われたら、あなたは「恋愛の話なのかな？」と思ってしまうかもしれません。ところが、次のような前提を伝えた後だとしたらどうでしょう。

「実は私、プレゼンテーションって苦手なんだよね……」

伝えられたあなたは相手がプレゼンテーションを主題にしていることを把握します。そしてその後でこの言葉が続くわけです。

「やっぱりｋｉｓｓを意識することが大切ね」

少なくとも「恋愛の話」ではないことにすぐに気づけるでしょう。そしてもしかしたら、ｋｉｓｓの法則と呼ばれる「Keep it short and simple（簡潔に単純にしておこう）」のことを言っているのだと気づけるかもしれません。きちんと前提を伝えているから、ｋｉｓｓの意味が〝わかる〟わけです。

●前提↓定義↓例題↓演習

ところが、私たちはビジネスの重要な局面にもかかわらず、ついこの当たり前のことをうっかり忘れてしまいます（私でもたまにあります）。

例題を説明する前に演習問題を解かせようとしてしまう。極端な話、前提や定義を説明していないのに、いきなり演習問題を解かせようとしてしまう。当然ですが相手は「??」と思います。それはそうですよね……。

もうあなたは数学の教科書を開く必要はないし、学び直しをする必要もありません。でも、あの中身の構造だけは覚えておき、ビジネスコミュニケーションに活かしていただきたいと思います。数学の教科書は、話し方の教科書でもあったのです。

余談ですが、ご紹介したkissの法則は「Keep it simple, stupid（誰でもわかるくらい簡単にしよう）」という意味で認識している方も多いようです。私はどちらで解釈してもいいと思います。私も本章で「短い方がよい」、「中学生でもわかるように」と説明していますので。

次項では数学の教科書の中に存在する、具体と抽象についてお話ししたいと思います。

「経営者視点を持て！」はなぜ社員に伝わらないのか

●抽象的と具体的

本項のテーマは「具体的」と「抽象的」です。

たとえば次の2つを比較してみてください。同じものを表現しているのですが、「具体的」なのはどちらでしょうか。

A　三角形
B　同一直線上にない3点と、それらを結ぶ3つの線分からなる多角形

おそらくBとお答えになるでしょう。私もそう思います。そこで1つ問題提起。三角形というものがいったいどんなものか、誤解なく伝わる、相手が〝わかる〟情報はどちらでしょうか。これもまたBでしょう。つまり、シンプルに言えば「わかりやすい」＝「具体的である」ということです。

ですから三角形を学ぶ単元では、教科書にもまずこのような論述が入ることになります。

［三角形とは？］
同一直線上にない3点と、それらを結ぶ3つの線分からなる多角形のこと

●「経営者視点」とは具体的にどういうこと？

このエッセンスをビジネスコミュニケーションに結びつけます。

A　経営者視点を持ってください

B　自分が経営者だったらどうするかという視点を持ち、気づいたことや要望などを実際の経営者に提言できるようになってください

先ほどと同じ質問をします。「具体的」なのはどちらでしょうか。

おそらくあなたの答えはBでしょう。「経営者視点」と言われても具体的にどういうことなのかピンとこない人もいるかもしれません。Bの伝え方なら、〝中学生でもわかる〟ほど具体的な情報です。

このように、数学の教科書の中でされている、抽象的な情報を具体的にするという仕事は、私たちビジネスパーソンも日々のコミュニケーションにおいてするべき仕事なのです。

●だから「比喩」は重要

ですから私たちは次のようなことを意識しておきたいものです。

・いま伝えた情報は「抽象的」なのか「具体的」なのかを摑む
・「抽象的」なのであればそれを「具体的」にする仕事をする

この話は、以前お伝えした「比喩」のテーマともリンクします。イメージしにくい抽象的な情報を具体的な喩えにして伝えなおす仕事は、伝え上手な人が皆さんしていることです。

「仕事は、ひと手間が重要」

たとえばこんなメッセージがあったとして、いったいどういう意味なのかピンとこない人もいるかもしれません。いろんな意味に捉えられる表現のようにも思います。つまり抽象的でわかりにくいのです。

「仕事は、ひと手間が重要。料理も同じ。盛りつけにひと手間加えるかどうかで、印象がガラリと変わる。もしかしたら、同じ味なのに美味しく感じるかもしれない。一流の料理人ほど、そういうひと手間を大切にしている」

伝えた情報が「抽象的」なので、その後に「具体的」にする。要するにこういうことですよね。先ほどの三角形の例と同じ構造になっていることにも気づいていただけるでしょうか。

図表4-3　角度が3つある図形

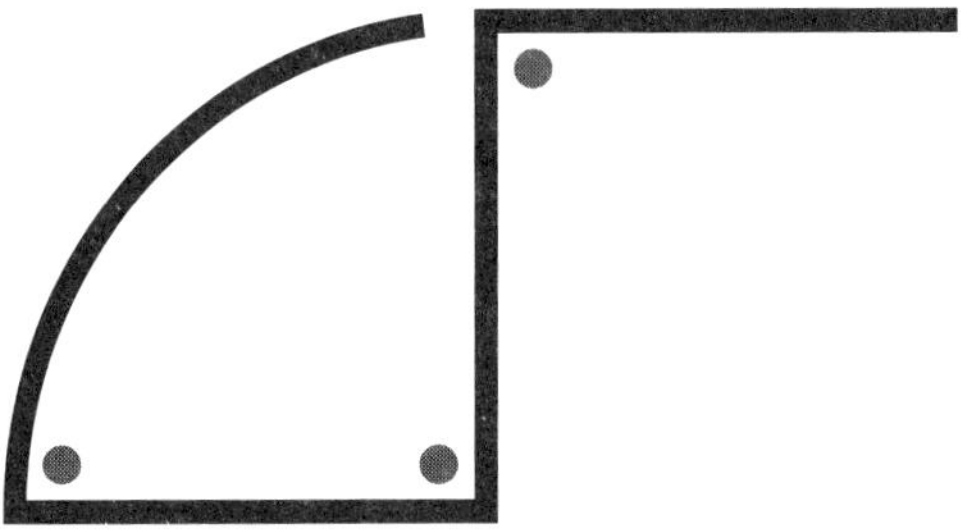

●「数学の教科書」が教えてくれていたこと

繰り返しになりますが、すべては次の2行に集約されます。

・いま伝えた情報は「抽象的」なのか「具体的」なのかを掴む
・「抽象的」なのであればそれを「具体的」にする仕事をする

かつてあなたを苦しめたかもしれない「数学の教科書」は、実はそんなことも教えてくれていたのです。

ちなみに余談ですが、三角形をつい直感的に「角度が3つある図形」と定義してしまう方がいるかもしれません。

しかしそれでは次のような図形も三角形ということになってしまいます（●が角度の存在を示しています）（図表4-3）。

やはり定義するという行為はとても大切であり、それは極めて具体的でなければならないのですね。

「具体的→抽象的」「抽象的→具体的」を使い分ける

●「具体的→抽象的」はわかりにくいのか？

前項の内容を思い出してみましょう。

・いま伝えた情報は「抽象的」なのか「具体的」なのかを掴む
・「抽象的」なのであればそれを「具体的」にする仕事をする

要するに、わかりやすい話とは「抽象的→具体的」であるということです。そこであなたはこのような疑問を持つことになるでしょう。その逆、すなわち「具体的→抽象的」はわかりにくい話なのかと。

結論から言えば、そんなことはありません。どういうことか、具体的な例で説明していきます。

たとえば前項でご紹介した「仕事は、ひと手間が重要」という例を使いましょう。この抽象的な表現をいきなり伝えるのではなく、まずは具体的な例を挙げ、要するにというまとめとして使えば、相手に十分伝わる話になります。簡単にモデル化してみます。

・料理って、盛りつけにひと手間加えるかどうかで印象がガラリと変わるよね。
・接客やサービスだって、ほんのひと手間を惜しむか惜しまないかでお客様が抱く印象は全然違うよね。

←

要するに、

←

どんな仕事も、ひと手間が重要ってことですね。

いかがでしょう。なるほどと思える内容になっているのではないでしょうか。

●数列の説明は「具体的↓抽象的」

実はこの「具体的↓抽象的」もまた、かつてお世話になった（苦しめられた？）数学の教科書の中に存在しています。たとえば数列という単元を説明する際、このような論述で説明することもあります。数学が苦手な方でも、きっと内容はご理解いただけるのではないでしょうか。

たとえば1番目から徐々に数字が増えていきます。さて、5番目はいくつ？

1↓4↓7↓10↓？　……具体的

「3」ずつ増えていくので、正解は「13」となりますね。

ということは、この形式の数列ならすべて同じ考え方が当てはまります。

したがって、最初の数がaであり、rずつ増えていく数列のn番目の数はこう表現してかまわないのです。

$a+r\times(n-1)$　……抽象的

これはまさに「具体的↓抽象的」な論述です。念のため説明しておきますが、この例であれば5番目の数はこうなるわけです。

$1+3\times(5-1)=1+3\times4=13$

つまり、話し方には「抽象的↓具体的」と「具体的↓抽象的」の2種類があり、いずれも

「わかりやすい」を生み出すことは可能だということです。

●どちらの順序がいいのか

ちなみにもしあなたなら、先ほどの「仕事は、ひと手間が重要」というテーマを「抽象的↓具体的」の順序で話しますか。それとも「具体的↓抽象的」という順序で話しますか。

私の考え方は極めてシンプル。「相手によって変える」です。

たとえば何でも結論から伝えて欲しいタイプなら、「抽象的↓具体的」を選びます。要するに何なのかをまず伝え、その後に具体的な解説をします。

一方、世の中にはイメージできないことをいきなり伝えられることを嫌うタイプの人もいます。いちど頭の中に「？」が浮かぶとすぐに「わからない」と思ってしまうタイプです。

こういうタイプに対しては「具体的↓抽象的」を選び、相手がわかる内容から徐々に結論に向かっていきます。

もちろん、相手がどちらのタイプかがわからないケースもたくさんあるでしょう。そういうときは会話で探りながらということになります。

実際、私も研修やセミナーの前半ではそのように探りながらメッセージを伝えていき、反応がよいほうを選択していくのです。残念ながらそこには数学のような完璧な法則や公式はないということですね。

●数学的∧人間的

そろそろ本章も終わりに近づいてきました。様々な切り口で「数学的に話す」を提案してまいりましたが、最後に1つだけお伝えしたいことがあります。それは……

けれども、けっきょくコミュニケーションは人間的なものである。

ということです。

私は数学という概念を使ってたくさんの例や論理を説明してきました。でも、実際のコミュニケーションというのは決して数学的なものではなく、極めて人間的なものだと思います。「数学的に話す」は間違いなくビジネスコミュニケーションの質を高めます。それはお約束します。しかし、〝それだけ〟になってはいけないのではとも思うのです。

人と話をするときは、その相手の目を見る。

人と話をするときは、その相手の時間を預かっているという認識を持つ。

人と話をするときは、その相手も人であることを忘れない。

そういう大前提を忘れずに、きちんと人間として話す。そのうえで、少しだけ「数学的に話す」にチャレンジしてみていただきたいと思います。

人間的に。でも、ほんの少しだけ数学的に。

あなたの話し方が少しでも変わり、そしてあなたの周囲に「わかりやすい」が増えることを願っています。

おわりに

あるデザイナーさんの話です。

その方はクライアントである企業のロゴや販促物などをデザインする仕事をしています。私はその人物に、「自分の考案したデザインをクライアントに採用してもらうためにどうプレゼンしているのか？」と尋ねたことがあります。思いもしない答えが返ってきました。


「デザインの説明って、数学の証明問題みたいなものなんですよ」


デザインと数学。まったく関係ないようにも思えます。素人から見れば、極めて直感的な仕事に思えます。しかし、その方は間違いなく「数学的」に仕事をしているのです。

そしてこれは、「なぜ数学という教科が義務教育の中に入っていたのか？」「こんなものが将来どう役立つのか？」といった疑問の答えにもなるエピソードではないかと思います。

私はこの話を聞いた瞬間、自分が広めたいと思っていることが間違っていないことを確信しました。身体が熱くなった瞬間でした。その熱を、本書の中に込めたつもりです。

どんなにＩＴなどの技術が進歩しようと、私たち人間のコミュニケーション能力が重要であることは変わらないでしょう。そして、多くの人はこのテーマで悩み続けるでしょう。

悩めるビジネスパーソンのコミュニケーションが数学的になること。

結果として仕事が前に進むこと。

そしてその人が輝くこと。

世の中がそんな人であふれること。

そんな世界になることを願って、筆をおくことにします。

明日から、いいえ今日から、あなたも数学的になりませんか。

２０１７年３月

深沢真太郎

著者略歴

深沢真太郎《ふかさわしんたろう》

神奈川県生まれ。ビジネス数学の専門家／教育コンサルタント。理学修士。BMコンサルティング株式会社代表取締役。多摩大学非常勤講師。日本数学検定協会「ビジネス数学検定」国内初の1級AAA認定者。

予備校講師等を経て、ビジネスパーソンの思考力や数字力を鍛える「ビジネス数学」を提唱する研修講師として独立し人財育成に従事。企業・大学・ビジネススクールなど、延べ5000名以上の指導経験を持つ。

『99％の人が知らない　数字に強くなる裏ワザ30』（ダイヤモンド社）、『数学女子智香が教える　仕事で数字を使うって、こういうことです。』（日本実業出版社）など著書多数。

幻冬舎新書 454

数学的コミュニケーション入門

「なるほど」と言わせる数字・論理・話し方

二〇一七年三月三十日 第一刷発行

著者 深沢真太郎

発行人 見城 徹
編集人 志儀保博
発行所 株式会社 幻冬舎
〒一五一-〇〇五一 東京都渋谷区千駄ヶ谷四-九-七
電話 〇三-五四一一-六二一一(編集)
〇三-五四一一-六二二二(営業)
振替 〇〇一二〇-八-七六七六四三
ブックデザイン 鈴木成一デザイン室
印刷・製本所 株式会社 光邦

検印廃止

Printed in Japan ISBN978-4-344-98455-4 C0295
ふ-16-1
幻冬舎ホームページアドレス http://www.gentosha.co.jp/
*この本に関するご意見・ご感想をメールでお寄せいただく場合は、comment@gentosha.co.jp まで。